Francesco Bertoldi

Democrazia è meglio

Le ottime ragioni della democrazia

Edizioni Kindle

2024

«*La democrazia è
la peggior forma di governo
ad eccezione
di tutte le altre*»
(W. Churchill)

A tutti i miei amici che dubitano

della bontà della democrazia

Introduzione

Dopo la Seconda Guerra Mondiale la democrazia aveva goduto, e per diversi decenni, di un largo credito nella stragrande maggioranza della popolazione occidentale: sembrava assolutamente ovvio che essa fosse preferibile a quelle dittature che avevano portato alla sanguinosissima guerra appena finita. Per non parlare delle camere a gas dove vennero massacrate, da quella spietata anti-democrazia che fu il nazismo, milioni di persone colpevoli solo di essere di una certa razza. Certo, non sono mai mancati degli irriducibili nostalgici di Hitler e di Mussolini, refrattari a qualsiasi autocritica. E nemmeno mancava chi, dal lato *apparentemente* opposto, guardava con simpatia ai regimi comunisti, non meno dispotici, né meno sanguinari, del nazifascismo. Ma si trattava di minoranze.

1. Oggi il credito alla democrazia non è più così scontato. Come scrivevo in un articolo su Metabasis «il diffondersi di idee complottiste e populiste può essere considerato un inquietante campanello di allarme»[1] per la salute della democrazia. La democrazia presuppone che le parti, di cui una società si compone, riconoscano e accettino di essere solo delle parti, e non pretendano di essere il tutto. Questo è seriamente compromesso quando, come fa il populismo, una parte identifica il tutto con sé stessa. Lo spiega bene Nadia Urbinati[2]: «per "popolo" il populismo non intende la totalità dei cittadini, in quanto capace di esprimersi attraverso libere elezioni, ma solo la parte sana del popolo, la parte giusta, il "vero" popolo». Da qui, per esempio, può nascere una pericolosa insofferenza per i risultati elettorali, per accurata che ne sia la verifica, allorché smentiscono che "noi siamo il popolo" (la totalità del popolo).

2. Un altro sintomo inquietante è l'aumento dell'*astensionismo* elettorale: lo notava Gustavo Zagrebelsky quando, in un dialogo con Ezio Mauro[3],

---

1 Francesco Bertoldi, "Alcune riflessioni teoretiche sulla democrazia", in *Metabasis*, n. 35 (anno XVIII) (2023), pp. 1-19.

2 Nadia Urbinati, *Io, il popolo. Come il populismo trasforma la democrazia*, Il Mulino, Bologna 2020.

3 In *La felicità della democrazia*, Laterza, Bari 2012.

dopo aver parlato di un «disincanto democratico», osservava che «l'astensionismo elettorale [...] non pone solo ai partiti un problema di "recupero" . È il segno che la democrazia, come ideale politico, si sta appannando». Sulla stessa linea anche Sabino Cassese[4], che osserva come il fenomeno dell'astensionismo è un segnale preoccupante di debolezza degli attuali sistemi democratici.

3. Anche la crescente *difficoltà di formare maggioranze* omogenee e solide in diversi paesi democratici (dalla Germania all'Italia, da Israele alla Spagna) può essere vista come sintomo di cattiva salute delle democrazie: lo sottolinea, tra gli altri, Sergio Romano[5], buon conoscitore "diretto" delle vicende politiche, non solo italiane. Che partiti un tempo avversari (e che in una sana dinamica democratica dovrebbero essere reciprocamente alternativi) siano costretti ad allearsi in qualcosa che in Germania si chiama *Große Koalition* (grande coalizione)[6] non è un buon segnale: è facilmente sintomo che da un lato gli elettori non sanno che pesci prendere e dall'altro che i politici non vogliono assumersi le responsabilità di certe scelte, necessarie, ma impopolari. E questo vale ancora di più per i governi "tecnici".

4. Ma il sintomo più inquietante è la diffusa *simpatia* di cui gode, in Occidente, quello che si potrebbe chiamare l'*asse delle autocrazie* (Russia, Cina comunista, Corea del Nord, Iran) nell'attuale contesto di guerra guerreggiata tra di esse e le democrazie, di cui l'invasione dell'Ucraina potrebbe essere solo l'inizio.

---

4   In *La democrazia e i suoi limiti*, Mondadori, Milano 2017. Ad esempio egli osserva: «il referendum costituzionale italiano del dicembre 2016 è stato vinto da oltre diciannove milioni di votanti, che rappresentano solo il 37 per cento dell'elettorato. Donald Trump è stato eletto quarantacinquesimo presidente degli Stati Uniti nel novembre 2016 solo con un quarto dei voti dei cittadini americani. »

5   In *Morire di democrazia*, Longanesi, Milano 2013

6   In Italia si è fatto strada, negli ultimi anni, un neologismo dal senso abbastanza simile: "campo largo".

I. Chiarimenti preliminari

In questa sezione si parla dei concetti di democrazia, autoritarismo, dittatura, totalitarismo; chi ritiene di averne già una sufficiente conoscenza salti pure alla <u>sezione successiva</u>.

Che cosa è democrazia

Chiariamo anzitutto il termine, cruciale, di **democrazia**. Che cosa si intende esattamente per democrazia? La parola è, non a caso, di origine greca: essa significa "potere" (*crazia*, da κράτος (*kràtos*) = forza, e quindi potere) "del popolo" ("demos", in greco antico). Significa quindi che è il popolo che comanda e decide.

Ma comanda e decide che cosa? Decide come debba essere, e come debba essere governato, lo Stato, cioè l'organismo istituzionale che, nelle sue varie articolazioni, regolamenta la convivenza pubblica, anche con potere coercitivo. A quest'ultimo proposito è una formula diffusa dire che "lo Stato (moderno, ossia democratico) ha il monopolio dell'uso legittimo della forza"[7]. Ossia, da un lato, lo Stato ha il diritto di "forzare" gli individui che attuassero comportamenti nocivi per gli altri, a desistere da tale tipo di comportamento, ed eventualmente di sanzionarli. Mentre, al contrario, il singolo individuo non ha il diritto di farsi giustizia da sé, nel caso di contenziosi con altri individui. Nemmeno nel caso in cui anche l'altro (con cui c'è disaccordo) sia d'accordo di risolvere la controversia privatamente con qualcosa, come il duello, che potrebbe causare la morte di uno dei contendenti. Il singolo cittadino può intervenire senza aspettare la forza pubblica (statale) solo nel caso in cui qualcuno stia mettendo in atto azioni gravemente lesive per l'altrui incolumità, per terminare le quali non ci si possa permettere il lusso di aspettare: ad esempio un rapinatore potrebbe ben essere messo in condizione di non

---

7 Qualcuno, invece di "forza", usa il termine "violenza", un termine però improprio perché la violenza, in senso vero e proprio, è qualcosa di intrinsecamente negativo.

nuocere da parte di un privato cittadino. Ma si tratta di casi estremi, e, per fortuna, decisamente rari. Per il resto spetta allo Stato soltanto regolamentare la convivenza. Nei limiti, certo, delle leggi. Leggi che il popolo stesso ha in ultima analisi scelto di darsi, eleggendo, ad esempio, certi suoi rappresentanti invece che altri. Il popolo insomma è *sovrano* (si parla di "sovranità popolare"), cioè decide quali scelte debba fare lo Stato, che è il garante della pacifica convivenza in quella "casa comune" che è la società di una certa nazione, o meglio di un certo Paese[8].

Ma che cosa si intende esattamente per "popolo"? Per noi oggi il popolo sovrano è costituito da *tutti* i cittadini, in pratica da (quasi[9]) tutti gli abitanti (maggiorenni) di un certo Paese, in base al principio di *eguaglianza*. Quest'ultimo principio però non è sempre stato riconosciuto; non lo è stato agli albori storici della democrazia. Ad esempio nelle democratiche *pòleis* (città-stato) della Grecia antica, non tutti gli abitanti di una certa *polis*, per quanto residenti da tempo in quel territorio, godevano dei diritti politici (tra cui la possibilità di votare, e quindi di contare nella gestione della cosa pubblica). Per avere una piena affermazione (almeno sul piano teorico) del principio costituzionale di eguaglianza, come base della democrazia, si sarebbe dovuto aspettare la Rivoluzione francese; anche se già ai tempi della Rivoluzione inglese si era cominciato a dibattere[10] se fosse giusto concedere quello che poi si sarebbe chiamato suffragio universale.

Da allora esso si è progressivamente affermata, sul piano pratico, col graduale, ma costante allargamento del suffragio, cioè del diritto di voto. In un primo tempo infatti poteva votare solo chi disponeva di un certo reddito[11], la cui asticella si è poi progressivamente abbassata fino alla sua

---

8 Il concetto di nazione è più specifico di quello di Paese, e si è formato in particolare nell'Europa dei secoli moderni (dopo il Medioevo), facendosi per così dire spazio tra l'ideale di appartenenza sovra-nazionale (nel Medioevo l'Impero, il sacro Romano Impero) e la realtà delle "piccole patrie" regionali (infra-nazionali).

9 Non proprio tutti, nel caso di immigrati non ancora divenuti cittadini.

10 Un documento di ciò sono ad esempio i "dibattiti di Putney".

11 La logica era che è in base al reddito che uno paga una corrispondente quantità di tasse, e queste a loro volta costituiscono l'ingrediente essenziale delle *entrate* di

totale abolizione, col pieno riconoscimento del *suffragio universale*, in base al quale *tutti* hanno il diritto di votare, indipendentemente dal loro reddito. Si noti peraltro che in un paese come l'Italia il suffragio universale è diventato pieno solo dopo la caduta del fascismo, quando anche le *donne* poterono votare.

Questo ci dice che quello verso una compiuta democrazia è stato un cammino lungo e che ha richiesto una *graduale* maturazione della coscienza collettiva.

Intermezzo sulla democrazia diretta

Solo un rapido cenno, ora, al tema della distinzione tra democrazia *diretta* o *indiretta*. Ricordiamo come la prima di tali modalità, quella per cui il potere è esercitato direttamente e immediatamente dal popolo, senza la mediazione di un'assemblea di suoi *rappresentanti*, è in parte accolta in molte Costituzioni democratiche con l'istituto del *referendum*. Dove, appunto, è il popolo stesso, e non i suoi rappresentanti (i parlamentari, cioè, nel caso italiano, i deputati e i senatori) a decidere. Ma è accolta *solo in parte*, perché la stragrande maggioranza delle decisioni viene presa non (direttamente) dal popolo, ma dai suoi rappresentanti, cioè i parlamentari, riuniti nel *Parlamento*. Ad esempio nella Costituzione italiana del '48, il popolo può essere chiamato a decidere qualcosa, con un referendum. Ma il referendum in Italia è solo **abrogativo** (per cui il "popolo" può soltanto abrogare, cioè eliminare degli articoli di una legge) e non **propositivo**, cioè tale da stabilire che cosa eventualmente mettere al loro posto. Quest'ultima cosa la può fare, in Italia e ovunque il referendum sia solo abrogativo, il Parlamento. Dare al popolo la possibilità di un referendum *propositivo* era evidentemente sembrato ai costituenti italiani un rischio troppo grosso. Quale rischio? Quello della *demagogia*, cioè di fare scelte avventate, gradevoli sì nell'immediato, ma con strascichi molto negativi nel medio-lungo termine. Per un motivo analogo gli stessi referendum abrogativi (quelli appunto previsti come

uno Stato. E siccome una delle principali funzioni dei rappresentanti del popolo (cioè il Parlamento) è quella di decidere come usare i soldi statali (raccolti essenzialmente con le tasse), sembrava giusto che a votarli fossero solo quelli che più contribuivano alla formazione delle casse statali.

legittimi) non possono riguardare *qualsiasi* legge, ma solo quelle che non abbiano un impatto sul bilancio dello Stato (del tipo: "volete abolire una certa tassa?"). E ciò perché è elevatissimo il rischio che la gente guardi in modo miope solo al proprio beneficio immediato, creando poi danni enormi al bilancio statale[12].

Questa scelta, comune alle democrazie moderne, di non dare *direttamente* alla "gente", al "popolo", *tutto* il potere, deriva (anche) da una necessità pratica abbastanza evidente: mentre in una *polis* greca o in un comune basso-medioevale italiano poteva essere l'intera comunità (data la sua esiguità numerica, per cui i cittadini potevano stare materialmente "tutti" nella stessa piazza) ad affrontare e a decidere una certa questione, in un Paese di milioni di cittadini è invece *materialmente impossibile* che tutti discutano e decidano direttamente, se non altro per evidenti ragioni logistiche. Senza contare che i problemi di Paesi come gli attuali Stati nazionali sono enormemente più complessi di quelli che poteva avere un tempo una piccola città-stato.

Tanto è vero che oggi a non essere in grado di affrontare nel dettaglio tutti i problemi su cui decidere sono gli stessi parlamentari, che pure si dedicano ai problemi della nazione a tempo pieno; ed è per questo che esistono le *commissioni* parlamentari, ognuna delle quali si dedica a una ben ritagliata "fetta" di problemi. Il singolo parlamentare infatti non potrebbe sapere tutto quello che c'è da sapere (per decidere in modo consapevole e responsabile) su tutte le questioni su cui sarà chiamato a votare, e quindi si fida - è costretto a fidarsi - dei suoi compagni di partito che, all'interno delle commissioni parlamentari, le hanno esaminate più in dettaglio, e hanno soppesato i pro e i contro di certe scelte. Se già un parlamentare non può sapere tutto di tutto (ciò che va deciso), a maggior ragione non lo potrebbe un comune cittadino.

---

12 Questa è la ragione per cui non si è, ad esempio, potuto tenere un referendum abrogativo sulla legge Fornero.

Le anti-democrazie

E veniamo ora ai sistemi politici alternativi alla democrazia. In effetti ci sono (e ci sono state nella storia) molte alternative alla democrazia, sia pure in una gamma variegata, più o meno lontane cioè dalla democrazia stessa. Si potrebbe dire al riguardo che si è verificata, nel corso della storia, una **crescente divaricazione** tra democrazie e anti-democrazie: i due poli cioè si sono sempre più differenziati e distanziati.

Nel senso che in **età antica**, almeno nel mondo "occidentale" (soprattutto civiltà greca e romana), se da un lato la democrazia non era certo perfetta e matura (ad esempio non implicava, come si è accennato, l'eguaglianza tra tutti i cittadini), dall'altro le forme di anti-democrazia non erano così invasive come lo sarebbero poi diventate nel corso della storia moderna e contemporanea.

Basti pensare all'istituto della *dittatura* nella Roma repubblicana: la figura del dittatore era prevista dalla stessa "democrazia" repubblicana romana, ma solo in caso di particolari emergenze e per un periodo decisamente limitato (non più di sei mesi). Solo successivamente la parola dittatura è passata a indicare qualsiasi regime politico in cui il potere è esercitato non dal popolo, ma da una sola persona o da un gruppo ristretto di persone.

L'età moderna vede invece una crescente divaricazione tra democrazie e anti-democrazie. Nel senso che da un lato si afferma sempre più l'esigenza di una partecipazione di almeno una parte della popolazione al potere: è il caso della Rivoluzione inglese, ma anche dell'Olanda divenuta indipendente dalla Spagna. Dall'altro abbiamo la formazione, nell'Inghilterra del '500 prima e nella Francia del '600 poi, di regimi *assolutistici* in cui il monarca (ad esempio Enrico VIII o Elisabetta I in Inghilterra, o Luigi XIV in Francia) si trova a disporre di poteri un tempo impensabili per un sovrano: lo Stato si è rafforzato e centralizzato e il "centro" del potere può decidere, come mai in passato, a maglie sempre più strette, ciò che riguarda la vita della gente, in qualunque "periferia" del Paese si trovi.

In età **contemporanea** la divaricazione diventa ancora più marcata: da un lato, a partire dalla Rivoluzione francese, si affermano forme di democrazia sempre più matura e avanzata (suffragio universale, divisione dei poteri, diritti dei cittadini chiaramente riconosciuti, eguaglianza e libertà). Dall'altro comincia a prender forma e ad affermarsi quella forma di anti-democrazia, essa pure sempre più radicale, che va sotto il nome di *totalitarismo*. Il totalitarismo è una forma, come dice il nome stesso, più totalizzante e profonda di potere rispetto a forme precedenti di anti-democrazia: mentre queste ultime infatti si limitavano a controllare la vita politica *pubblica*, il totalitarismo pretende di controllare *ogni aspetto* della vita umana, non solo politico, ma anche *culturale*, non solo pubblico, ma anche *privato*. Il suo livello di invadenza e di pervasività insomma è decisamente maggiore di quello delle precedenti forme di anti-democrazia.

Si potrebbe dire che il totalitarismo faccia la sua prima comparsa, sia pure in modo "non dichiarato", proprio nel corso di quella Rivoluzione francese, che pur proclamava la massima democraticità dello Stato. Esso si manifestò in particolare quando, con i Montagnardi al potere, lo Stato non solo mandò alla ghigliottina migliaia di oppositori, ma pretese di imporre a tutti una ben determinata, completa, visione del mondo, una nuova Religione, con tanto di nuovo calendario e di feste civili. Non a caso ciò andò di pari passo con una persecuzione della Chiesa cattolica. Tuttavia, per avere un compiuto totalitarismo ci sarebbe voluto il XX secolo: soprattutto con il comunismo, il nazismo e, in parte[13], il fascismo.

Oggi si potrebbero distinguere almeno tre varianti di regimi non-democratici:

- i regimi **autoritari**, in cui esiste una formale parvenza di potere popolare (elezioni con più alternative, con più liste o più candidati tra cui poter scegliere), ma chi detiene il potere non è

---

13 Il fascismo in effetti *mirava* ad essere totalitario, ma ci riuscì solo in parte: da un punto di vista formale, per la presenza del Re, che restava almeno formalmente, capo dello Stato; e da un punto di vista "sostanziale" per la forte incidenza della Chiesa nella società italiana.

leale con le regole del gioco democratico, e cerca di soffocare le opposizioni, soprattutto controllando i mezzi di informazione e la magistratura;

- le **dittature**, in cui non esiste nemmeno formalmente la possibilità di scegliere, mediante il voto, da chi essere governati, ma in cui il potere non pretende di controllare più di tanto la vita culturale e privata della popolazione;
- i **totalitarismi**, che pretendono di controllare non solo ciò che riguarda direttamente la vita politica (come nel caso delle dittature), ma *ogni* aspetto della vita, collettiva e individuale, pubblico e privato.

Il più importante sistema totalitario rimasto, dopo il "crollo del muro di Berlino", che, com'è noto, vide il dissolversi del comunismo sovietico in Russia e nei "paesi satelliti"[14], è la Cina comunista, che ha sì introdotto degli elementi di "democrazia" *economica*, ma ha mantenuto, del comunismo storico, un ferreo controllo non solo sulla vita politica, negando libere elezioni, ma su ogni aspetto della vita della gente. Di qui, ad esempio, la sua pretesa di controllare le credenze religiose (ad esempio controllando la Chiesa).

Anche la Russia attuale non è ormai più un regime semplicemente autoritario o semi-dittatoriale, ma è in avanzato stato di involuzione neo-totalitaria: non per nulla il suo attuale despota[15] ha affermato che «la più

---

14 Cioè i paesi comunisti dell'Europa orientale, riuniti nel Patto di Varsavia: Germania Est, Polonia, Cecoslovacchia, Ungheria, Romania, Bulgaria.

15 Il termine despota è ampiamente giustificato dal fatto che egli è riuscito a costruire attorno a sé un ferreo sistema di potere che lo rende di fatto inamovibile: con una magistratura totalmente asservita, che condanna nel modo più sfacciatamente pretestuoso i suoi possibili rivali e si rifiuta di indagare sui tanti assassini politici di suoi oppositori (tra cui il suo più forte rivale, mandato a morire in Siberia), e con un apparato amministrativo non meno prono ai suoi ordini, la parola legalità non ha nella Russia attuale più senso di quanto ne avesse ai tempi di Stalin. Per non parlare della censura sui mezzi di informazione e della scelta di invadere un paese indipendente e sovrano, che non aveva messo in atto una sola azione militare contro la Federazione Russa: azioni, queste, del tutto incompatibili con uno Stato democratico.

grande catastrofe geopolitica del ventesimo secolo» è stata la dissoluzione dell'Unione sovietica[16]. È vero infatti, da un lato, che vengono ancora *apparentemente* rispettate alcune forme di vita democratica, come le elezioni, tuttavia esse sono sempre più svuotate di reale effettività, e sembrano ormai solo una grottesca messa in scena.

---

16 Come ricorda Vittorio Emanuele Parsi ne *Il posto della guerra. Il costo della libertà*, Bompiani, Milano 2022, cap. III, § 3.

II. La questione della democrazia, in sé

Perché democrazia è meglio

La democrazia, come diceva Churchill è la peggior forma di governo ... ad eccezione di tutte le altre[17]. Vediamone le ragioni.

La libertà

1. Anzitutto la democrazia risponde a una *esigenza strutturale dell'essere umano*, quella di non essere costretto a pensare, o a parlare, o ad agire, come schiavo di qualcun altro, ma di poter pensare, parlare e agire in modo libero. E questo è possibile solo nelle democrazie. Nei regimi non-democratici tutti devono piegare la testa al despota di turno, e pensare e dire e fare solo ciò che piace, o almeno non dispiace, al potere dispotico.

Come dicevo nel già citato articolo «che nei regimi non-democratici tutti debbano piegarsi al regime dispotico, e agire, almeno in ambito pubblico, in conformità ai suoi dettami, non appare contestabile. Quello che invece potrebbe esserlo è che nelle democrazie le cose vadano davvero, e non solo apparentemente, in modo diverso. A causa dei tanti condizionamenti più o meno occulti che anche in un sistema democratico possono rendere illusoria la proclamata libertà»[18]. A questo proposito già Marx sosteneva[19] che quella nata con la Rivoluzione francese fosse una democrazia *ingannevole*, che prevedeva sì l'eguaglianza sul piano *formale* (= tutti possono votare), ma non su quello *sostanziale*, quello più importante, anzi decisivo, l'unico a contare davvero, ossia quello economico. In effetti la ricchezza, per Marx (e per altri critici della

---

17 «Democracy is the worst form of Government except for all those other forms that have been tried from time to time.» Churchill, Discorso alla Camera dei Comuni 11 Novembre 1947.

18 "Alcune riflessioni teoretiche sulla democrazia", cit., p. 5.

19 In particolare ne *La questione ebraica*.

democrazia), fa una differenza decisiva: i più ricchi ad esempio possono controllare i mezzi di informazione, e condizionare così il formarsi dell'opinione pubblica[20].

Non si può dire che tale critica marxista alla democrazia sia priva di qualsiasi fondamento: perché è vero che chi ha il potere economico può più facilmente *condizionare* l'opinione pubblica. Ma *condizionare* non è *determinare*. Tant'è vero che, ad esempio, anche nell'800 e in buona parte del '900 la grandissima maggioranza dei lavoratori, soprattutto la "classe operaia", votava per i partiti di ispirazione marxista (o comunque di sinistra), partiti che facevano i *loro* interessi (aumento dei salari, riduzione dell'orario di lavoro, sicurezza sul lavoro e simili) e non quelli della classe padronale. Il che significa che la classe operaia non si lasciava ingannare da quella che nell'ottica di Marx avrebbe dovuto essere la irresistibile propaganda della borghesia economicamente dominante. E oggi il potere di condizionamento del potere economico sull'informazione è potenzialmente ancora più ridotto, grazie al diffondersi dell'istruzione e all'accesso a svariate fonti di informazione, facilitato da internet.

Certo, non è solo sul piano dell'informazione (pubblicamente accessibile) che le *élites* economiche possono esercitare un potere, che diventa una ipoteca alla pienezza della democrazia; ma torneremo più avanti su questo punto. Qui basti dire che la libertà, di cui godono i cittadini nei paesi democratici è reale e non fittizia.

In effetti «è un dato di fatto che chiunque, in paesi democratici, può sperimentare come sia possibile esprimersi nella più grande libertà, ad esempio criticare chi è al potere. Anzi, nei paesi democratici la libertà di espressione si spinge a tal punto da rendere possibile sostenere

---

20 Anche il principio che "la legge è uguale per tutti" può essere, nella stessa ottica, contestato. La ricchezza in effetti garantisce un vantaggio, in caso di contenziosi (o accuse) in tribunale. Infatti chi può pagarsi dei buoni avvocati ha delle *chances* decisamente maggiori di sfuggire alla giustizia, o di ottenere la vittoria in tribunale, rispetto a chi non può permetterselo, e magari deve accontentarsi di avvocati d'ufficio. Questo è in parte vero: non per nulla negli Stati Uniti sono solo i più poveri a rischiare la condanna a morte. Un *tycoon* che finisse sulla sedia elettrica farebbe scalpore.

la competenza contestata (in una vignetta)

pubblicamente le tesi più strampalate, come il terrapiattismo o certe critiche complottistiche alla medicina ufficiale (per limitarci a due esempi tra i più eclatanti). Che *de facto*, se un problema le democrazie hanno con la libertà, non sia quello di *non* concederne abbastanza, ma esattamente il contrario (si fa per dire), è quanto sostiene, tra gli altri, Tom Nichols, nel suo *La conoscenza e i suoi nemici*, in cui tratta del fenomeno della contestazione della competenza (degli esperti) da parte di tantissime persone, che competenti non sono, ma pretendono di esserlo[21]: gente che non ha conoscenze specifiche in medicina, ad esempio, non solo pretende di saperne di più di chi ha speso anni di studi e continua a tenersi aggiornato in modo serio in tale campo, ma riesce a diffondere le sue pseudo-verità, soprattutto tramite internet, e a trovare un numero significativo di seguaci. Appare insomma difficile sostenere che le democrazie non concedano davvero la libertà che dicono di concedere»[22].

---

21 *The Death of Expertise*, Oxford Univ. Press, Oxford - New York 2017, tr.it. *La conoscenza e i suoi nemici. L'era dell'incompetenza e i rischi per la democrazia*, Luiss University Press, Roma 2018. Nichols porta una abbondante messe di esempi di come le tesi degli esperti vengano sistematicamente messe in discussione a vantaggio di tesi di non esperti, privi di qualsiasi titolo per valutare problematiche specifiche.

22 Art.cit., p. 5.

Controllabile è meglio

2. Il fatto poi che tutti possano pensare e dire quello che davvero pensano e vogliono è di inestimabile aiuto per far sì che chi ha il potere faccia **le scelte migliori**, dal momento che si sa *sotto il vigile controllo* di chi lo può liberamente criticare e di chi può, alle successive elezioni, togliergli il potere. Inoltre in democrazia le decisioni non le prende un solo soggetto (il dittatore o la ristretta oligarchia al potere), contraddire il quale può essere mortalmente rischioso, ma sono prese come risultato del *confronto tra molti soggetti* (persone e gruppi), sia all'interno sia all'esterno della maggioranza al potere. E delle decisioni su cui si possa discutere, e che siano prese da molte persone, hanno maggiore probabilità di essere più corrette rispetto a decisioni prese da una sola o da poche persone. Senza contare che queste ultime, se sbagliano, in un sistema autocratico non hanno chi le possa correggere. Mentre in democrazia la maggioranza può anche sbagliare, ma è "costretta" ad ascoltare la voce di chi la pensa diversamente e in tal modo può (più facilmente) correggersi.

3. Inoltre, solo in democrazia il potere è distribuito e bilanciato tra diversi organi. In particolare, come faceva notare Montesquieu, è cruciale che la **magistratura** sia indipendente dal potere politico. Se si legge *La Russia di Putin* della giornalista russa Anna Politkovskaja[23], si può avere un'idea di quanto invece la magistratura possa diventare corrotta e ingiusta sotto un regime dispotico, in cui non gode di una reale indipendenza. Del resto in un regime dispotico tutto l'apparato statale (amministratori, giudici, forze dell'ordine) può diventare profondamente marcio e corrotto, come documenta la stessa Politkovskaja. Anche nelle democrazie ci può essere corruzione, certo: ma la possibilità di libertà, per i mezzi di informazione e per la gente comune, che può parlare liberamente senza temere di essere avvelenata o portata in un lager e torturata e uccisa, fa una *enorme* differenza. E fa sì che i fenomeni di corruzione siano circoscritti e non generalizzati e profondi come accade

---

23 Edizioni Adelphi, Milano 2022. La giornalista è stata poi uccisa, e non è difficile immaginare per ordine di chi.

quando sono *intoccabili*, perché protetti dal regime dispotico. Fa sì, cioè. che siano l'*eccezione*, e non la regola.

Un maggior benessere

4. Ne segue quindi un altro vantaggio: un *maggior* **benessere**, perché se si fanno le scelte migliori, se ne hanno dei buoni frutti anche in termini di qualità della vita materiale.

Tra l'altro, per fare le scelte migliori occorre non solo che si posso discutere liberamente su tali scelte, ma anche che ad assumere posizioni di responsabilità siano le persone migliori e più competenti. Ma in un regime dispotico è pressoché inevitabile che le persone a cui affidare delle responsabilità, anche in ambito economico, siano selezionate non solo e non tanto per la loro reale *competenza*, quanto per la loro *affidabilità* in termini ideologico-politici, ossia per la loro (tendenzialmente) cieca fedeltà al regime dispotico. Lo sottolinea, tra gli altri, Anne Applebaum:

> «Lo Stato monopartitico bolscevico non era solo antidemocratico; era anche anticompetitivo e antimeritocratico. I posti nelle università e nella pubblica amministrazione e i ruoli nel governo e nell'industria non andavano ai più volenterosi o capaci: andavano ai più fedeli»[24].

Ne segue che è molto facile che nei regimi dispotici il benessere sia minore e meno equamente distribuito. E lo stesso problema ambientale sarà più facilmente trascurato. Non per nulla i paesi comunisti, quindi totalitari, come l'URSS, erano caratterizzati sia da una maggior povertà rispetto ai paesi occidentali, sia da livelli di inquinamento incredibilmente più elevati.

---

24 In *Twilight of Democracy. The Seductive Lure of Authoritarianism*, Doubleday, New York 2020, tr.it. *Il tramonto della democrazia*, Mondadori, Milano 2021, cap. 2, § 3.

Una cappa di smog avvolge Pechino

Del resto la stessa Cina comunista, almeno fino a non molto tempo fa, era uno dei paesi più inquinanti e inquinati del globo, con cappe di smog permanente nella grandi città.

La pace ...

5. E poi c'è un altro, *enorme* vantaggio, della democrazia sulla dittatura: la **pace**.

... all'interno ...

La democrazia è garanzia di pace anzitutto *al proprio interno*, perché le varie anime, le varie soggettività, che la abitano sanno di poter esprimersi e contare senza bisogno di una rivoluzione violenta. La lotta contro gli avversari politici, in democrazia, non si fa coi fucili e le bombe, ma con la parola e il libero confronto.

È del resto un fatto storico incontestabile che **le rivoluzioni popolari accadono solo per rovesciare regimi non-democratici**. Ci sono sì stati dei casi in cui a delle democrazie sono subentrati regimi dispotici, ma mai in seguito a una sollevazione popolare. È stato il caso, ad esempio, di sistemi democratici latinoamericani, rovesciati in seguito a colpi di stato da parte dei militari. I militari, approfittando della loro forza, attuavano un *golpe* e davano vita a una dittatura. Il caso più famoso, e drammatico, è stato quello del Cile, dove il legittimo[25] governo di Salvador Allende venne rovesciato dal golpe del generale Augusto Pinochet, nel 1973. Il fatto che dei sistemi democratici non potessero essere soppressi che da interventi dei militari denota che la maggioranza della popolazione non condivideva il proposito dei golpisti; questi non si ponevano infatti alla testa di una sollevazione popolare, non aiutavano "il popolo" a ribellarsi, ma al contrario instauravano un regime spietatamente repressivo. Segno piuttosto eloquente dello scarso consenso su cui sapevano di poter contare tra la popolazione. Un'altra tipologia di rovesciamento di sistemi democratici è quella del suicidio della democrazia da parte dei *rappresentanti* del popolo (i parlamentari), intimiditi dalla brutalità delle forze eversive. Fu il caso dell'avvento del fascismo in Italia tra il 1922 e il 1925: non fu il popolo a sollevarsi contro la democrazia, ma furono il Re e il Parlamento, intimiditi dalla violenza squadrista, a cedere il potere al dittatore. Analogamente accadde con la fine della Repubblica di Weimar nel 1933: non fu una sollevazione popolare a porre fine alla democrazia, ma la pavidità di parlamentari intimiditi dalla violenza, in quel caso dei nazisti. Fu infatti il Parlamento tedesco a votare la concessione di pieni poteri a Hitler. Va detto peraltro che sia nel caso delle dittature militari latinoamericane, sia nel caso di fascismo e nazismo (e in altri casi simili in Europa tra le due guerre mondiali), il contesto che rese possibile il passaggio dalla democrazia alla dittatura fu quello di a) uno scontro globale all'ultimo sangue con i sistemi comunisti e di b) sistemi democratici non ancora maturi, perché non ben radicati nella coscienza popolare e/o non valentisi di meccanismi istituzionali adeguati, per l'assenza di *Corti costituzionali* e per un'architettura costituzionale poco coerente, come nel caso della compresenza, nella Costituzione di Weimar, di presidenzialismo e proporzionalismo.

---

25 Per quanto poi contestabilmente estremista in alcuni suoi propositi, e per quanto certi suoi comportamenti siano stati contestati proprio dal punto di vista del rispetto delle regole costituzionali.

... e sul piano internazionale

Ma la democrazia è garanzia di pace anche *nei rapporti internazionali*, perché essendo l'informazione libera, tutti possono più facilmente smascherare falsi pretesti per intraprendere guerre, ed eventualmente contestarli, anche duramente, senza incorrere in repressioni violente. Le dittature infatti possono intraprendere delle guerre perché possono ingannare i propri cittadini propinando loro delle menzogne, dei falsi pretesti per la guerra. Si tratta di menzogne che possono essere anche di una spudoratezza estrema, come stiamo vedendo dal febbraio 2022: nessuno può contraddire la propaganda ufficiale di un regime dispotico. Altrimenti si rischia davvero grosso: un regime dispotico è privo di controllo sia da parte dell'opinione pubblica, per lo più ingannata da una informazione asservita al regime, sia da parte della magistratura, essa pura manovrata dal potere.

Invece in democrazia i governanti devono cercare il non scontato consenso della gente, e siccome in genere, se ben informata (come appunto lo può essere solo in democrazia), *la stragrande maggioranza della gente non vuole la guerra,* se non per motivi davvero gravissimi e reali, è molto difficile che una democrazia intraprenda una guerra che non abbia ragioni più che solide. Lo osservava già Kant, in *Per la pace perpetua:*

«Se (...) si richiede il consenso dei cittadini per decidere se la guerra debba o non debba essere fatta, niente di più naturale del pensare che, dovendo far ricadere su di sé tutte le calamità della guerra (combattere di persona, sostenere di propria tasca le spese della guerra, riparare le rovine che essa lascia dietro e, infine, per colmo di sventura, assumersi il carico di debiti mai estinti — a causa di sempre nuove guerre —, amareggiando così la stessa pace), essi ci penseranno sopra a lungo prima di iniziare un gioco così malvagio.

In una costituzione (...) che (...) non è repubblicana [in pratica, dove decide il despota, nota mia], la guerra è la cosa più facile del mondo, perché il sovrano non è membro dello stato, ma ne è il proprietario e nulla perde dei suoi banchetti, delle sue caccie, castelli, feste a corte ecc. a causa della guerra, e la può quindi dichiarare come una specie di partita di piacere per cause insignificanti, lasciando al corpo diplomatico, sempre pronto a questo, il compito di giustificarla per salvare le apparenze.»[26]

Se sostituiamo la parola "sovrano" con "despota" o "oligarchia dispotica", e i divertimenti che potevano andare di moda nel '700 con quelli più attuali, il discorso di Kant conserva tutta la sua validità.

In genere una democrazia intraprende la guerra per ragioni di autodifesa, del proprio Paese o di altri stati liberi e democratici, aggrediti da dittature, come fu l'ingresso in guerra di Francia, Gran Bretagna e Stati Uniti nella Seconda Guerra Mondiale. È vero che nel caso della Seconda Guerra del Golfo (anni Novanta del '900) vennero addotte da parte anglo-americana delle motivazioni rivelatesi poi false (le armi di "distruzione di massa" di Saddam Hussein); ma è un fatto che tali motivazioni avevano già potuto essere *liberamente contestate* al loro apparire e che contro tale guerra nei paesi occidentali ci furono libere e accese manifestazioni, non represse in alcun modo dai governi democratici.

Non è un'opinione discutibile che la democrazia, trionfante nell'**Europa occidentale** dopo la Seconda Guerra Mondiale, abbia garantito **il più lungo periodo di pace** che il nostro continente abbia conosciuto nella sua storia. E non lo è il fatto che nel febbraio 2022 la guerra in Europa è tornata precisamente a causa di uno Stato che, come si è detto, democratico non è.

È poi vero che anche le democrazie hanno fatto delle guerre sbagliate. Anche in tempi recenti: è il caso, già accennato, della Seconda Guerra del Golfo. Anzi, aspetti discutibili si possono trovare anche nell'intervento occidentale nei Balcani negli anni Novanta. Si trattava però comunque di guerre contro dei regimi dispotici che minacciavano paesi vicini (come nel caso dell'Irak) o minoranze interne (come nel caso della Serbia). E mai gli interventi militari occidentali sono stati fatti per *annettersi pezzi di territorio altrui*. Inoltre, ripetiamolo, i motivi inadeguati di tali guerre, o la modalità non ortodossa con cui talora sono state condotte, hanno potuto essere oggetto di libera *informazione* e di libera, e anche aspra, *critica*. Come non può accadere nelle dittature. E questo fa una sua bella differenza, una differenza, anzi, decisiva.

---

26 Dal "Primo articolo definitivo per la pace perpetua" dell'opera citata.

E perché, viceversa, la dittatura è peggio

I motivi per cui non andrebbero preferiti i regimi dispotici sono già stati implicitamente elencati parlando dei motivi per cui la democrazia è meglio (o, se si preferisce, è meno peggio). Ma, per chi non fosse convinto, aggiungiamo qualche ulteriore sottolineatura.

1. Anzitutto è contro natura che uno non possa dire quello che pensa e fare quello che vuole (a patto di non danneggiare altri, ovviamente).

2. Poi comporta gravi effetti negativi affidare tutte le scelte a pochi o a uno solo, impedendo qualsiasi critica e qualsiasi apporto da parte di tutti gli altri. La paura di esprimersi liberamente priva il despota di apporti vitali. Vale la pena riportare una grottesca scenetta avvenuta in uno dei regimi più dispotici della storia, la Russia di Stalin; la racconta uno dei più coraggiosi oppositori del totalitarismo russo, Alexander Solgenitsin:

> «Si sta svolgendo (nella regione di Mosca) una conferenza regionale di partito. La dirige il nuovo segretario del comitato rionale, nominato al posto dell'altro, recentemente arrestato. Alla fine della conferenza viene approvato un messaggio di fedeltà a Stalin.
>
> Naturalmente tutti si alzano in piedi (come nel corso della conferenza tutti balzavano su a ogni menzione del suo nome). Nella piccola sala è una burrasca di applausi che diventa ovazione.
>
> Tre minuti, quattro minuti, cinque minuti: sono sempre burrascosi e si tramutano sempre in ovazione.
>
> Ma già le palme sono indolenzite. Già le braccia alzate sono informicolite. Già gli anziani hanno l'affanno.
>
> Sta diventando insopportabilmente ridicolo anche per chi adora sinceramente Stalin.
>
> Ma chi oserà smettere "per primo"? Lo potrebbe fare il segretario del comitato rionale, in piedi sul podio, il quale ha appena letto il messaggio. Ma è nominato da poco, al posto di un arrestato, ha paura! Infatti vi sono in sala quelli dell'N.K.V.D., in piedi ad applaudire, osservano chi smetterà per primo! E gli applausi, in una piccola sala sperduta, all'insaputa del grande capo, continuano: 6 minuti! 7 minuti! 8 minuti!
>
> Sono perduti! Rovinati! Non possono più fermarsi fino a quando non saranno caduti colti da infarto! In fondo alla sala, nella calca, si può ancora fingere,

battere le mani meno frequentemente, con minore forza e furore, ma al tavolo della presidenza, in piena vista di tutti? Il direttore della cartiera locale, uomo forte e indipendente, rendendosi pienamente conto della falsità della situazione senza scampo, è tra la presidenza e applaude.

9 minuti! 10 minuti! Egli guarda angosciato il segretario del comitato rionale ma quello non sa fermarsi. Follia! Follia collettiva! I dirigenti del rione, gettando occhiate l'uno all'altro con un filo di speranza ma con la sola esultanza dipinta sulla faccia, applaudiranno fino a cadere, fino a quando li porteranno fuori in barella. E anche allora i rimanenti non batteranno ciglio!

All'undicesimo minuto il direttore della cartiera assume un'aria indaffarata e si siede al suo posto al tavolo della presidenza. Oh miracolo! dov'è andato a finire il generale indescrivibile irrefrenabile entusiasmo? Tutti in una volta, con l'ultimo battito di mani, cessano e si mettono a sedere. Sono salvi! Lo scoiattolo ha saputo schizzare fuori dalla gabbia con la ruota che gira! Tuttavia proprio così si riconoscono gli uomini indipendenti. Proprio così si tolgono di mezzo.

___ *** ____

La stessa notte il direttore della cartiera è arrestato. Gli appioppano senza difficoltà, per tutt'altro motivo, dieci anni. Ma dopo la firma dell'articolo 206 (del protocollo conclusivo dell'istruttoria) il giudice gli rammenta: "E non smetta mai per primo di applaudire!" (E come fare altrimenti? Quando fermarsi?)».

Da *Arcipelago Gulag,* tr.it. Mondadori, Milano, pp. 172-75.

3. Abbiamo già ricordato sopra come la democrazia consenta un maggior benessere, e le dittature il contrario. Prendiamo il caso dell'*Italia fascista* (che pure era meno dispotica di nazismo e comunismo): durante il ventennio non mancò qualche progresso economico, ma significativamente inferiore a quelli che stavano avvenendo, negli stessi anni, nei paesi democratici (Francia, Inghilterra, Stati Uniti). Si veda quanto scrive al riguardo lo storico Andrea Giardina:

«alla vigilia della seconda guerra mondiale l'Italia era ancora un **paese** fortemente **arretrato** rispetto alle maggiori potenze europee. Alla fine degli anni '30, il reddito medio di un italiano era poco più della metà di quello di un francese, un terzo di quello di un inglese (e un quarto di quello di uno statunitense). Malgrado spendesse più della metà del suo reddito in consumi alimentari, l'italiano medio si nutriva essenzialmente di farinacei, mangiava carne e beveva latte in quantità tre volte inferiore a quella di un inglese o di un americano, considerava generi di lusso il caffè, il tè e lo zucchero. Nel 1938 c'era in Italia un'automobile ogni 100 abitanti (mentre il rapporto era di 1 a 20 in Gran Bretagna e in Francia), un telefono ogni 70 abitanti (1 a 13 in Gran Bretagna, 1 a 27 in Francia), un apparecchio radio ogni 40 (1 a 6 in Gran Bretagna, 1 a 8 in Francia)»[27].

Analogamente, nei paesi comunisti la gente stava mediamente molto peggio che nei paesi democratici. Oltre quanto già detto, si possono considerare altre *cause* di questa peggior performance economica dei sistemi dispotici. Per esempio il timore di esporre liberamente le proprie opinioni è indubbiamente un freno anche a livello di creatività, e quindi di produzione. Solo se uno può dire tutto quello che pensa, può arricchire pienamente col proprio apporto la vita aziendale.

Inoltre in un regime dispotico i lavoratori dipendenti non possono protestare per avere condizioni salariali e lavorative migliori. Questo può sembrare, nell'immediato, un fattore avvantaggiante, ma alla fine finisce per danneggiare il sistema. Non solo perché con condizioni lavorative deteriorate si lavora peggio che in un ambiente gradevole, ma anche perché un diffuso basso potere d'acquisto (inevitabilmente dove i lavoratori non possano mai fiatare), ha inevitabili ricadute negative per lo stesso mercato interno.

4. La mancata separazione dei poteri (politico e giudiziario) non può che favorire una sfrenata diffusione della *corruzione*. Che a sua volta concorre ad alimentare, oltre al resto, il minor benessere di cui abbiamo appena parlato. Sulla corruzione, vediamo una breve osservazione della Politkovskaja, nel suo citato *La Russia di Putin*:

> «visto da fuori, il nostro Paese pare immerso in un regime di ineccepibile democrazia. Ha proclamato l'assoluta indipendenza della magistratura e la punibilità di qualunque ingerenza nel suo operato. La legge sullo «status dei giudici» è all'avanguardia e parrebbe garantirne l'autonomia...
>
> La realtà, invece, è che i princìpi costituzionali e democratici vengono cinicamente violati senza conseguenze. L'illegalità è più forte della legge. Il

---

27 Andrea Giardina - Giovanni Sabbatucci - Vittorio Vidotto, *Lo spazio del tempo, vol. 3. Dal XX al XXI secolo*, Laterza, Bari-Roma, cap. 6, § 2.4.

tipo di giustizia che avrai dipende dalla classe a cui appartieni. Al vertice ci sono i VIP: la mafia e gli oligarchi. E gli altri? Gli altri niente.»

Per inciso, andrebbe letto per esteso l'agghiacciante racconto che precede questa considerazione finale.

5. E poi c'è un altro, mastodontico, limite del dispotismo: la sua inevitabile propensione alla **guerra**.

5.1. La propensione a una aggressività guerrafondaia nei regimi antidemocratici è anzitutto un *dato di fatto* storico. Si pensi solo alle due Guerre Mondiali: la prima è stata scatenata da regimi autoritari, come quello austro-ungarico e la Germania del "Secondo Reich", molto meno democratici dei paesi dell'Europa occidentale, e la seconda da regimi espressamente antidemocratici, anzi totalitari, come la Germania nazista e l'Italia fascista. A cui si dovrebbe aggiungere un altro paese totalitario, quell'Unione Sovietica che siglò con la Germania nazista il patto Molotov-Ribbentrop, fornendo di fatto una importante, forse decisiva, copertura all'invasione tedesca della Polonia. Quest'ultima infatti venne invasa, nel 1939, in parte dai tedeschi ma in parte anche dai russi, con gli eserciti dei due stati antidemocratici che giunsero, sostanzialmente da alleati, alla linea di spartizione *concordata*.

In età antica, per fare un altro esempio, la propensione alla guerra era ben maggiore nella (meno democratica) Sparta che nella (ben più) democratica Atene.

In epoca moderna un altro possibile esempio è quello della Francia retta assolutisticamente da Luigi XIV, che intraprese una guerra dietro l'altra, senza paragone più della democratica Olanda, che si scontrò sì con la Francia, ma solo perché da essa attaccata.

5. 2. Ma di questo fatto c'è una ben precisa *logica*: anzitutto c'è il dato che *una dittatura è intrinsecamente violenta*, perché consiste essenzialmente nel fatto che una persona o un ristretto gruppo di persone si arrogano il diritto di dominare tutti gli altri: di pensare al posto degli altri e di decidere al posto degli altri. In sintesi: una *parte* si pretende *tutto*, schiacciando le altre parti. Arroganza e prepotenza quindi sono essenziali alle dittature. Come lo è la *menzogna*: perché per evitare che si diffonda un malcontento da cui potrebbe essere violentemente rovesciato, un regime

antidemocratico ha bisogno di manipolare i mezzi di informazione, così da evitare che circolino notizie vere a lui sfavorevoli, e per diffondere invece tutte le notizie false di cui ha bisogno per alimentare il consenso nei suoi confronti.

In secondo luogo una *dittatura* ha un intrinseco *bisogno della guerra* contro altri Stati

- per convogliare la rabbia della gente contro un *nemico esterno*, sempre abilmente presentato come pericolosissimo, e usato come *capro espiatorio* di tutti i mali che colpiscono il paese da loro governato. Siccome è inevitabile che del malcontento ci sia, dato che è impossibile che tutto vada in modo perfetto e dato anzi che in un regime dispotico le cose vanno mediamente peggio che nelle democrazie, per evitare che l'opinione pubblica rivolga la propria rabbia contro il proprio governo (dispotico), è necessario indirizzarla verso altro, verso un nemico, anche esterno. Addossandogli il più possibile la colpa di tutto ciò che non va. Al nemico esterno quindi va attribuito il massimo delle colpe. Senza escludere, a un certo punto, nemmeno l'intenzione di aggredire la nazione governata dispoticamente. Giustificare una guerra di aggressione come una dolorosa necessità di autodifesa è infatti tipico di tutte le dittature: agevolato dal fatto che nessun organo di informazione libera può contraddire la versione data dalla propaganda ufficiale;
- per plasmare la società intera sul modello di un disciplinato e obbediente esercito: se si deve affrontare un nemico esterno, non ci si può permettere il lusso di dividersi e di discutere "all'interno", e per avere così un eccellente pretesto al mantenimento e al rafforzamento di un regime di controllo particolarmente soffocante verso la libertà di espressione.
- E poi c'è il fatto che soprattutto l'esistenza di paesi democratici è un pericolo continuo e potenzialmente mortale per le autocrazie, dato che offre una pietra di paragone, mostra come sia possibile vivere meglio. Ed è per questo che in genere le autocrazie considerano prioritario annientare il più possibile, con la guerra,

le democrazie: per scongiurare che la propria cittadinanza ne venga *contagiata*.

5. 3. C'è poi un'altra ragione per cui una non-democrazia è intrinsecamente guerrafondaia. La sua inevitabile avversione per la *ragione* e quindi per il *dialogo*.

L'avversione alla ragione e alla sua capacità di conoscere la verità si spiega anzitutto da un banalissimo punto di vista pratico: le dittature, per sostenersi, hanno bisogno che la gente non ragioni in modo critico. Del senso critico una dittatura non può che aver paura, perché esso tende a smantellare il castello di demagogia e di menzogne di cui un tale regime ha assoluto bisogno per sostenersi. Certo, odia la ragione intesa in senso *critico* e non necessariamente una ragione in senso *strumentale*, quello ad esempio della scienza; un uso *strumentale* della ragione, nella scienza, la dittatura infatti se lo può permettere. Ma solo fino a un certo punto, comunque. È infatti storicamente innegabile che sia il nazismo sia il comunismo sovietico hanno guardato con diffidenza alla stessa scienza: «si pensi solo al rifiuto della teoria della relatività nella Germania nazista in quanto "scienza giudaica" e al rifiuto della genetica nell'Unione Sovietica di Stalin in quanto "scienza borghese", nonché al proliferare di pseudoscienze in questi stessi paesi, dalle teorie della Terra cava e del ghiaccio cosmico originario, sostenute personalmente da Hitler e Himmler, alla folle teoria biologica di Lysenko, che devastò per decenni l'agricoltura sovietica»[28].

Ma non si tratta solo di un espediente pratico: le ideologie che stanno alla base delle anti-democrazie attuali (dalla Rivoluzione francese in poi) nutrono una profonda sfiducia nella capacità della ragione di conoscere la verità, e questo ha delle conseguenze cruciali per quanto concerne i rapporti tra esseri umani (che si tratti di individui, o di gruppi e di nazioni). Se gli esseri umani non possono riconoscere una verità oggettiva, cioè vera *per tutti*, restano solo tante *opinioni*, tra le quali lo

---

28 Francesco Bertoldi, *Dia-logos*, Marcianum, Venezia 2023, pp. 290-1. Per un approfondimento sui fatti citati sono riportati cfr. Paolo Musso, *La scienza e l'idea di ragione*, Mimesis, Milano 2019, § 3.3.

scontro diventa inevitabile, perché ognuno vorrà imporre agli altri la propria opinione. In tal modo non ci può essere dialogo, ma solo guerra.

Guerra (di aggressione) infatti significa rinuncia al dialogo: significa che per risolvere una controversia non ci si affida al dialogo, cioè alla ragione che accomuna tutti gli esseri umani, che è presente in tutti e permette di capirsi (=spiegarsi e capire le ragioni dell'altro). Se non si può risolvere una controversia dialogando, cioè usando la comune ragione, se non si può insomma *convincere* (e/o lasciarsi convincere) si potrà solo cercare di *vincere*, schiacciando o almeno piegando l'altro. Se non ci si può capire (col dialogo, usando la ragione), l'unica strada che rimane è la guerra.

Quindi, mentre la democrazia è confronto, pacifico e dialogico, tra diversi soggetti con diversi punti di vista, nei regimi dispotici è un punto di vista particolare, che non accetta di confrontarsi con altri punti di vista, a imporsi. Il che, dato che gli altri non saranno probabilmente disposti a lasciarsi *imporre* un punto di vista che contrasta con il loro, significa guerra. Insomma, chi rifiuta la ragione, rifiuta il dialogo, e chi rifiuta il dialogo, non ha altro modo di rapportarsi all'altro che lo scontro, la guerra. La guerra dei proletari contro la borghesia, per Marx e il comunismo. O la guerra delle "nazioni proletarie" contro le plutocrazie, per i totalitarismi di estrema destra, tra le due guerre mondiali. O altre simili assurdità.

Obiezioni solo parzialmente valide

Certo, bisogna ammettere che la democrazia non è preferibile alla non-democrazia 1) *sempre e comunque* e 2) *sotto ogni punto di vista*.

Democrazia: sempre e comunque?

No, dal momento che per funzionare la democrazia ha bisogno di alcune condizioni: o a) che lo Stato sia piccolo, come nelle *poleis* greche e nei Comuni basso-medioevali italiani, o b) che ci sia un diffuso livello di istruzione tra la cittadinanza. Altrimenti il rischio, già intravisto da Platone e Aristotele, è che la democrazia degeneri in *demagogia*. Ossia che i rappresentanti del popolo, chiamati a esercitare il potere, assecondino, pur di assicurarsi i voti, delle aspirazioni "popolari" non ragionevoli. Anche Alexander Solženicyn, implacabile nel denunciare la tirannide del comunismo sovietico, ma non per questo cieco sui difetti occidentali, deprecava[29] il fatto che in Occidente ci fosse una sorta di campagna elettorale permanente, con i politici più attenti ai sondaggi, che alla reale sostanza dei problemi. Che la democrazia possa degenerare in demagogia è un rischio praticamente inestirpabile; peraltro esso si attua effettivamente in misura solitamente limitata, con i politici che fanno alcune scelte gradite alla maggioranza della gente, ma passibili di produrre effetti negativi nel medio-lungo termine.

Per evitare la degenerazione demagogica della democrazia occorre, tra l'altro, che a) da parte dei governanti la tensione al bene comune superi l'immediato interesse elettorale "di bottega", e li renda capaci di una comunicazione seria e coraggiosa, e che b) da parte degli elettori ci sia un adeguato senso di responsabilità, che, anche qui, anteponga il bene comune all'immediato interesse e spinga a farsi l'idea più realistica possibile di quali siano i problemi collettivi e di come li si possa adeguatamente affrontare.

A quest'ultimo riguardo si può comunque dire che le società odierne offrono un livello adeguato di scolarizzazione, che dovrebbe favorire una capacità critica adeguata ad affrontare in modo non "capriccioso" i problemi collettivi. Tuttavia non mancano nemmeno oggi dei rischi: internet e i *social* sono sì un potenziale strumento (positivo) per la condivisione di notizie e pareri, ma possono anche trasformarsi in un micidiale moltiplicatore di *fake news* e di *deliri complottistici*, dentro un più diffuso disprezzo per la *competenza*.

«Tutti tuttologi col web» diceva una canzone[30] qualche tempo fa: ed è effettivamente così. Molti infatti, troppi, pretendono di sapere tutto di tutto, e di pontificare saccentemente su tutto. Anche allontanandosi dalla realtà. La cui conoscenza approfondita richiede ben altro studio e ben altra competenza che leggiucchiare qualche pagina qua e là su siti web, di cui non si sa valutare la reale attendibilità.

---

29 Cito a memoria da una sua intervista a un settimanale italiano negli anni Ottanta.

30 "Occidentali's Karma" di Francesco Gabbani (2017).

E questo è un *pericolo* per la democrazia: nella misura in cui la gente che deve votare si accontenta di pseudo-conoscenze superficiali, e si beve come oro colato le più inverosimili *fake news*, il voto che darà sarà poco responsabile e rischierà di dare il potere a degli avventurieri senza scrupoli. Capaci di fare disastri immani[31].

D'altra parte vale comunque la pena correre questo rischio, e lasciare il suffragio universale. Se non altro perché la stessa tecnologia ormai raggiunta renderebbe un potere dispotico molto più invasivo, e quindi molto più rovinoso, che in passato: Nerone poteva sì fare dei danni, ma molto più limitati di quelli che hanno potuto fare Hitler o Stalin, o Pol-Pot.

Democrazia: migliore sotto ogni punto di vista?

Anche qui, si deve rispondere: no. Anche se alla fine, posti sul piatto della bilancia, anche qui i *contro* sono molto meno "pesanti" dei *pro*. Comunque c'è effettivamente un ambito in cui i sistemi democratici possono rivelarsi meno efficaci di quelli dispotici: nella gestione della sicurezza, ossia dell'*ordine pubblico* e della micro-criminalità (parliamo di micro-criminalità perché con la macro-criminalità un regime dispotico può convivere in perfetta simbiosi, come ha documentato la Politkovskaja riguardo alla Russia putiniana).

Infatti la democrazia è *garantista*, e le istituzioni si muovono con i piedi di piombo nei confronti di chi è sospettato di violare la legge, col rischio di accordare una impunità di fatto, almeno per un certo periodo, prima che si giunga alla condanna definitiva. Nei primo anni Venti del XXI secolo è diventata eclatante la vicende delle borseggiatrici sulla metropolitana di Milano (o di Roma): essendo minorenni (e molto spesso anche in stato interessante) risultano di fatto impunibili. Se una persona derubata protesta iniziano a strillare millantando di essere loro a subire un tentativo di violenza, e quando vengono prese in consegna dalle forze dell'ordine, non passa molto tempo prima che debbano essere rimesse in

---

31 Per approfondire l'attacco a cui è sottoposta la competenza si può vedere il già citato Tom Nichols, *La conoscenza e i suoi nemici.*

libertà. E casi del genere possono ripetersi non troppo difficilmente in un regime garantista.

Un regime dispotico invece può permettersi il lusso di usare la mano pesante contro reali o presunti colpevoli di reati. Arresti arbitrari, anche senza mandato di cattura della magistratura, e senza obbligo di coinvolgere l'avvocato della difesa; metodi molto "sbrigativi", come la tortura, per estorcere confessioni; mano libera ai carcerieri. Con tali e altri simili mezzi, che fanno inorridire chi ha assimilato la lezione del Beccaria[32], un regime dispotico può anche garantire un livello di ordine pubblico mediamente maggiore di quello che molte democrazie possono permettersi di raggiungere. È noto ad esempio che il regime fascista italiano poteva vantarsi di aver creato una tale sicurezza dai piccoli furti, che la gente poteva lasciare "la bicicletta senza lucchetto".

Ma vale la pena rinunciare alla democrazia per godere di un maggior "ordine"? Basterebbe pensare che nulla può assicurare che la "mano pesante" delle forze dell'ordine e la sottomissione della magistratura al potere, possono un domani rivoltarsi anche *contro di noi*.

Nessuno infatti, in un regime dispotico, può davvero essere al sicuro da possibili arbitri da parte del potere. E non si dica che basterebbe schierarsi sempre col potere: ci sono stati regimi dispotici, come quello staliniano, in cui erano gli stessi più stretti collaboratori del despota, Stalin, a venire, *senza alcuna logica*, arrestati e anche eliminati fisicamente. Senza che nessuno potesse fiatare.

Quando un regime si fonda sul terrore e sulla impossibilità di una libera critica, *nessuno può sentirsi al sicuro*, anche perché il dittatore, e tanto più, quanto più è tale, non può che essere profondamente sospettoso, sentendosi lui stesso continuamente esposto al rischio di essere eliminato con la violenza, e quindi spinto a prevenire tale eventualità creando attorno a sé il terrore. Meglio non fare come i dinosauri della vignetta qui sotto:

---

32 Cesare Beccaria (1738-94), è ricordato soprattutto per le sue argomentazioni contro la tortura e la pena di morte, contenute nel suo celebre libro *Dei delitti e delle pene*.

Molti in Occidente sembrano come dei dinosauri che si fossero augurati la loro estinzione, l'estinzione di ciò che di più belle e giusto hanno

III. La situazione attuale

Come si è detto all'inizio, oggi in molti dubitano della bontà della democrazia. La domanda è: perché? Perché tanta gente in Occidente "sputa nel piatto dove mangia"?

Sembrerebbe che vadano distinte le ragioni *reali* di tale odio, che sono anche i motivi più epidermicamente appariscenti, dalle motivazioni "ufficialmente" addotte per giustificarlo. Le prime, in buona sostanza, si riconducono al fatto che le democrazie operano di fatto delle scelte contenutistiche fortemente sgradite. Le seconde, altrettanto sinteticamente, sono riassumibili nell'idea che tali scelte *contenutistiche* siano radicate nella stessa *forma* della democrazia, vista come un inganno. Un inganno, perché a comandare non sarebbe realmente il popolo, ma una ristretta élite. A ben guardare comunque i due piani, se possono essere *distinti*, non possono essere *separati*: ciò che spinge gli avversari della democrazia a dipingerla come un'ingannevole ipocrisia è la loro incapacità di stare alle "regole del gioco" democratico e di impegnarsi *convincere* gli elettori della bontà delle loro idee.

I motivi *reali* dell'antidemocraticismo

Possiamo riassumere in due grandi gruppi i "contenuti" sgradevoli addebitati alla democrazia: quelli di tipo materiale e quelli di tipo ideale-valoriale. Questa distinzione ricalca quelle che, secondo l'antropologia tradizionale, sono le due fondamentali componenti dell'essere umano: l'anima e il corpo. Per cui gli esseri umani possono agire o per motivi *ideali* (tipicamente per dei "valori"), radicati nella componente "anima", o per a motivi *materiali* (soprattutto economici), radicati nella componente "corpo". Gli errori addebitati alla democrazia riguardano entrambi gli ambiti.

1. Cominciamo dall'ambito economico-*materiale*. Vi sono dei motivi più epidermici di odio per la democrazia, ad esempio il fatto che la diffusa sensibilità ecologica presente nei sistemi democratici spinge a creare regole, a salvaguardia dell'ambiente, che possono creare un danno economico immediato, fino a una contrazione dei posti di lavoro. Perché *non inquinare costa*. I *gilet gialli*[33] in Francia dicevano "il nostro problema non è la fine del mondo, ma la fine del mese", cioè non ce ne importa molto se l'inquinamento potrà causare, *nei prossimi decenni*, seri problemi all'umanità (la "fine del mondo"), quello che ci importa è l'immediato, è che non tocchino *adesso* il *nostro* portafoglio (la "fine del mese").

E questa è una delle ragioni per cui una insofferenza per regole a salvaguardia dell'ambiente è diffusa anche nel mondo del lavoro dipendente. Un mondo che, preoccupato del proprio immediato benessere, vota anche per partiti e leader di quella estrema destra (populista), un tempo aborrita in tale ambito. Ricordiamo solo un episodio al riguardo: nel 1973 ci furono dei dipendenti di un autogrill in provincia di Bologna, il Mottagrill Cantagallo, che si rifiutarono di servire Giorgio Almirante, leader del MSI, ossia l'erede ideale di Benito Mussolini[34]. E non si trattò di un episodio in dissonanza col clima generale dell'epoca, tant'è che la cosa non suscitò alcuna ondata di sdegno generale. Era infatti considerato perfettamente normale che l'estrema destra fosse fortemente avversata nel mondo del lavoro dipendente. Oggi invece la destra populista, che innalza, tra le altre cose, la bandiera dell'abolizione di molte delle quelle regole che possono nell'immediato creare dei disagi economici, è tutt'altro che impopolare in tale mondo.

E poi ci sono comunque le regole che colpiscono soprattutto i piccoli e medi imprenditori, quelle che in Italia sono le "partite IVA": l'eccesso di *burocrazia*. Un fenomeno che spinge qualcuno a parlare di una sorta di

---

33 Come molti sapranno, si tratta di un vivace movimento di protesta, sorto in Francia nel 2018 (ed esauritosi poi nel giro di circa un anno), in reazione all'aumento del costo della vita (in particolare quello del carburante). I *gilet gialli* usavano come mezzo di protesta manifestazioni piazza e blocchi stradali.

34 Tra i mie ricordi giovanili, vi è una frase che Almirante pronunciò a un Congresso del MSI: «so bene che questo applauso non è rivolto a me, ma allo spirito di *lui*, che aleggia in quest'aula» (dove "lui" era – sottinteso – Benito Mussolini).

"totalitarismo burocratico". In genere la piccola e media borghesia è particolarmente insofferente nei confronti delle regole, anche per il danno economico che esse implicano. Non si può comunque negare che esistano casi di eccesso di regole burocratiche, in genere ad opera di politici progressisti. Talora andando anche contro il buon senso. In alcuni paesi, come in certi Stati degli USA, un malinteso *politically correct* arriva ad esempio a depenalizzare i furti che si mantengano al di sotto di una certa soglia, il che danneggia essenzialmente i piccoli negozi. Ma tali regole si reggono sulla motivazione che a commettere tali furti sono per lo più persone povere, spesso afroamericani.

Ma, più in generale, dagli anni Ottanta e più ancora dopo la caduta del Muro di Berlino, si è affermato quello che è stato chiamato neo-liberalismo o super-capitalismo. Esso non ha soltanto guastato i rapporti tra l'Occidente e i Paesi meno sviluppati, spingendo molti di loro nelle braccia dell'asse delle autocrazie (ne parliamo poco oltre), ma ha creato forti disagi e squilibri anche all'interno degli stessi paesi democratici più sviluppati, nei quali la classe media si è venuta a trovare sempre più svantaggiata nei confronti del grande capitale, come ha osservato Vittorio Emanuele Parsi[35].

Svolgendo considerazioni convergenti a quelle di Parsi, Colin Crouch ha significativamente coniato il termine *post-democrazia*, per indicare una situazione in cui il grande capitale, soprattutto finanziario, riesce ad attutire fortemente il potere della totalità della cittadinanza a proprio esclusivo vantaggio. Ne segue una situazione in cui, formalmente, la democrazia è rispettata, è cioè ancora il popolo a poter decidere, ma in condizioni che ne limitano fortemente l'esercizio effettivo. Ad esempio il grande capitale riesce a far prevalere i suoi interessi mediante il meccanismo della *revolving door* (la "porta girevole"), che vede gli stessi personaggi passare dal pubblico al privato e viceversa, in modo che la loro attività politica, più che mirare al bene comune, mira agli interessi lobbistici della realtà privata da cui provengono e/o a cui sperano di

---

35 In *Titanic. Il naufragio dell'ordine liberale*, Il Mulino, Bologna 2018. In particolare nel cap. 5, dove parla anche degli Stati uniti e della vittoria di Trump, dovuta anche al fatto che la Clinton avrebbe minimizzato gli effetti perversi di una globalizzazione mal governata, e in genere del turbocapitalismo.

tornare. Un altro fenomeno che vede, nel super-capitalismo, bypassato il potere di controllo popolare e democratico è quello della *regulatory capture,* dove accade che un'agenzia di regolamentazione statale (organismi di controllo, o organi di sorveglianza), creata per agire nell'interesse pubblico, finisce di fatto invece a favorire degli interessi commerciali privati: gli esperti chiamati a valutare qualche problema flettono il loro giudizio in base agli interessi di una certa realtà economica privata[36]. Ad esempio dichiarano come non pericoloso per la salute pubblica qualcosa, come un prodotto di una data azienda, che invece lo è.

Ma oltre a motivi di insoddisfazione economica all'interno dei paesi democratici (ad economia più avanzata), ve ne sono altri riguardanti i rapporti economi internazionali. Per limitarci a un rapido cenno, notiamo come dopo la caduta del Muro di Berlino, il mondo dei paesi più sviluppati, quello che potremmo chiamare (impropriamente[37]) l'Occidente, ha gestito i rapporti economici internazionali in modo gretto e miope. L'assenza, reale o presunta, di alternative al capitalismo ha favorito l'affermazione di quella sua variante particolarmente spietata, a cui abbiamo poco sopra accennato (il super-capitalismo o neo-liberalismo) che ha impattato anche sul rapporto coi paesi meno sviluppati. Nel suo, già citato, *Titanic,* Parsi ha brillantemente evidenziato come questo fenomeno sia costato moltissimo all'Occidente in termini di rispettabilità presso i Paesi meno sviluppati. La caduta del comunismo, sottolinea Parsi, aveva offerto un'occasione più unica che rara di creare finalmente un mondo di paesi democratici, tra i quali sussistesse una sostanziale equità anche sul piano economico. L'assenza del "pungolo"[38]

---

36 In Colin Crouch, *Post-democracy - After the Crisis,* Polity Press, Cambridge 2020, tr.it. *Combattere la Postdemocrazia,* Laterza, Roma-Bari 2020, cap. 2 - Disuguaglianza e corruzione.

37 Impropriamente, perché esso include anche paesi come il Giappone e la Corea del Sud, che non sono Occidente.

38 Il comunismo di per sé è stato un male, una soluzione violenta, spesso sanguinaria e in ogni caso oppressiva delle più elementari libertà, al problema della giustizia sociale. Ma se non altro la sua stessa esistenza ricordava che un problema di giustizia sociale *esiste.*

comunista ha invece portato a concepire l'ambito economico in termini di puro, e spietato, profitto (egoistico, particolaristico), senza alcuna forma di rifermento etico (universalistico). Come dice Parsi:

> «la libertà del mercato è diventata presto la dittatura del mercato, dove gli unici che sperimentano una crescente libertà - dalle regole, dalle responsabilità e, alla fine, persino dal funzionamento di un'economia di mercato correttamente intesa - sono i grandi operatori: quelli finanziari ancor più di quelli economici» [39].

E tutti questi fenomeni (una unilaterale ossessione per l'ecologia, non bilanciata da una non meno necessaria attenzione all'economia, la proliferazione di regole burocratiche spesso irragionevoli e il super-capitalismo) vengono addebitati alla democrazia in quanto tale, in quanto promossi da governi di Stati democratici.

2. C'è poi l'altra grande causa di odio contro la democrazia, quella relativa non a questioni economiche, ma a *valori* ideali: ossia un certo tipo di *politically correct*. E qui ci sono almeno due grosse questioni che non vengono digerite da chi poi odia la democrazia: l'immigrazione e i "nuovi diritti" (l'apertura ai "diversi", come le "famiglie arcobaleno"). Tali due questioni hanno in comune la *paura del "diverso"*. Sia il diverso razziale sia il diverso sessuale. Un diverso che scompiglia un ordine rassicurante e consolidato nei secoli, introducendo delle novità percepite come insopportabilmente minacciose, sconcertanti, devastanti. Ora, democrazia significa dare voce e spazio a tutti. Significa apertura. Ma apertura può essere, almeno come apparenza immediata, debolezza. E se questo è percepito come la causa dell'incontrollabile irruzione di una diversità apocalitticamente minacciosa, ecco che si comincia a preferire una risposta decisa, energica, muscolare. Al limite, appunto, anti-democratica e dittatoriale.

Si può osservare come in questa paura, che pur ha *qualche* ragion d'essere, perché ci sono effettivamente degli eccessi di *politically correct*, ci sia una *prevalente* componente irrazionale.

---

39 *Op.cit.*, cap. 2.

Prendiamo l'immigrazione: se essa è un fenomeno così massiccio, è anche per colpa del *nostro* (di noi, paesi ricchi) egoismo economico. E finché non si risolverà il problema della grave disparità tra paesi ricchi e paesi poveri non ci sarà blocco delle frontiere che possa tenere: sarà, nella migliore delle ipotesi, solo patetica propaganda populista. Da Bar Sport. In effetti l'idea che soggiace alla modalità demagogico-populistica di affrontare il problema è che ci si trovi davanti a un vero e proprio *progetto* di invasione (da parte dei migranti), così da attuare una "sostituzione etnica". Ma si tratta di un'ipotesi che non regge. Si pensi ad esempio che più dell'80% dei flussi migratori che interessano il continente africano è costituito da spostamenti *da un paese africano all'altro* (come destinazione finale, si intende). Per non parlare del fatto che fenomeni migratori sono in atto su tutto il pianeta: in Asia, in Africa, in America. Ovunque la gente emigra da dove sta economicamente male (e da dove magari ci sono guerre o situazioni di forte disagio) a dove ha buona probabilità di stare economicamente meglio (e dove sono rispettati i diritti umani). Per cui non ha senso pensare che la gente lascia la sua terra perché voglia invaderci e dominarci (salvo forse qualche caso patologico, ideologicamente motivato). Lo fa perché sta male dov'è. Anche perché altrimenti uno non affronterebbe mille pericoli e mille sofferenze, addirittura col rischio di incontrare la morte (come infatti spesso capita, in particolare sul Mediterraneo). Non ha perciò molto senso, ripetiamolo, pensare a un complotto!

Anche sull'altro tema, non appare razionalmente fondata la paura che la concessione di diritti ai "diversi sessuali" porti a uno stravolgimento profondo e irreversibile dell'assetto *complessivo* della società. Ad un esame ponderato la diversità sessuale non può che apparire come un fenomeno inevitabilmente di nicchia, proprio di una *ristretta minoranza*, senza che si dia alcuna possibilità di *contagio* generale. "Diversi" infatti non si diventa in quanto contagiati da *idee*, ma per una *condizione* in cui *alcuni si trovano*. Senza averlo scelto. E men che meno senza averlo scelto in quanto raggiunti da una certa propaganda. Che questa condizione, di diverso orientamento sessuale, sia radicata nella biologia (come pensa qualcuno) o nella psiche, cioè in dinamiche intrafamiliari soprattutto infantili (come pensava Freud), non cambia la sostanza: di un *dato* comunque si tratta, e non di una scelta, determinata da una "propaganda" di idee.

Poi, certo, è vero che qualche problema c'è, sia nel fenomeno migratorio sia in un certo modo, ideologico e non realistico, di rivendicare i "nuovi diritti", ma ci sono aree di società che ingigantiscono a dismisura il problema, banalizzandolo in modo rozzo e iperemotivo. Poco equilibrato. E questo modo di ingigantire i problemi, vedendoli come una minaccia mortale, va poi nella direzione di un disprezzo per la democrazia, che si rivelerebbe incapace di affrontarli.

Ma soprattutto c'è il fatto, che vedremo nel prossimo paragrafo, che i possibili contenuti discutibili o sbagliati messi in atto da istituzioni democratiche possono essere corretti, *se ci si impegna* a farlo, dall'interno delle istituzioni democratiche. Se si mette in gioco la propria libertà di iniziativa.

Motivi pretestuosi

Le scelte *contenutistiche* appena viste, che vengono rimproverate alla democrazia, sono in parte reali errori, in parte no. Ma anche la parte di reale inaccettabilità non dovrebbe essere imputata alla *forma* democratica. Non è la democrazia *in quanto tale* a causare gli errori, reali o presunti, di cui si è parlato. La democrazia è solo una *forma*: gli errori sono a livello di *contenuti*, e i contenuti sono quelli scelti dai cittadini, ogni volta che si vota. Insomma *perché prendersela con le regole del gioco, se si perde?* Sarebbe più produttivo cercare di giocare meglio. Fuor di metafora: chi dissente dalle scelte fatte da un certo governo democratico farebbe meglio a cercare di persuadere gli elettori a votare diversamente, in modo da correggere quanto per lui andrebbe corretto.

Vi sono però nemici della democrazia che invece pensano che la democrazia *non possa che* portare a tali errori.

La democrazia come inganno

Perché? Perché a comandare sarebbe *solo apparentemente* la gente, il popolo, ma in realtà sarebbe una élite, un gruppo ristretto di persone. E qui si hanno essenzialmente due varianti, più o meno mescolate tra loro: 1) quella che la identifica con un ben circoscrivibile, visibile, ambito sociale, e 2) quella (il complottismo) che invece sostiene che l'élite sarebbe nascosta e opererebbe nell'ombra.

Inevitabile asservimento al potere economico?

La prima variante, più moderata, non cerca la causa *reale* delle scelte politiche in un centro di potere *occulto*, ma in qualcosa di *visibile e chiaramente identificabile*, ossia la classe economicamente dominante, il "grande capitale".

Com'è noto, questa era la tesi di Karl Marx. Per il quale la democrazia rappresentativa è un inganno, perché è in realtà una democrazia *borghese*. In generale infatti lo Stato non può essere neutrale, ma è strumento di una certa classe sociale, e nel capitalismo è strumento del dominio della borghesia sul proletariato.

È interessante notare come a dire qualcosa del genere fosse anche la propaganda dell'estrema destra (fascismo e nazismo) tra le due guerre mondiali: le democrazie occidentali sono una finzione, sono delle *demo-plutocrazie*, ossia sono al servizio dell'alta borghesia, dei super-ricchi (*Plutos*, Πλοῦτος, nella mitologia greca, era il dio della ricchezza).

La gente quindi si illude di poter decidere, col suo voto; ma, in realtà, sono altri a decidere. Un tipo di argomento come questo, che è storicamente servito e continua a servire per legittimare dei regimi dittatoriali, è probabilmente molto simile a quello che passa per la mente di ladri e assassini: "sì, noi rubiamo, ma *tutti* rubano", "sì, noi ammazziamo, ma *tutti* ammazzano", quindi "l'onestà è un inganno", un'ipocrisia. Così i dittatori, di sinistra o di destra, sostengono che "sì, noi non siamo democratici, ma nessuno lo è", "la democrazia è solo un ipocrita inganno". Oggi peraltro questa variante, più "moderata", dell'antidemocraticismo appare surclassata dalla prima variante, il complottismo.

Il complottismo

La seconda variante è quella *complottista*: a comandare davvero, a decidere davvero, sarebbe inevitabilmente un certo numero, ristretto, di esseri umani, che non sarebbe possibile identificare con precisione. Un gruppo ristretto, che si terrebbe nell'ombra per poter meglio esercitare il suo potere.

In realtà si può ben concedere che questo tipo di pensiero non sia *del tutto* assurdo. Anzitutto perché, da un punto di vista *logico*, in una lotta, come sarebbe quella tra chi ha interessi di dominio che deve tenere segreti e il resto della popolazione, l'invisibilità rappresenta un indubbio vantaggio. Un pugile che fosse invisibile potrebbe colpire il suo avversario molto più efficacemente se potesse non essere visto da quest'ultimo. Inoltre, da un punto di vista *storico*, sono realmente esistite delle società segrete, che hanno operato tanto più efficacemente quanto più i loro adepti, che pur agivano all'unisono, non erano riconosciuti come tali dagli altri. Il caso più importante di società segreta che ha raggiunto un grande potere è, com'è noto, quello della massoneria.

Quello però su cui il pensiero complottista si inganna è l'*ingigantire a dismisura* il possibile potere di un gruppo di esseri umani che si voglia mantenere invisibile, ossia è l'immaginare una invisibilità a) *totale*, perfetta e perdurante e b) capace di tessere le fila di *progetti onnicomprensivi* e totalizzanti. In altri termini il pensiero complottista immagina che possa esistere un gruppo di esseri umani dotati di *poteri* propriamente *sovrumani*, se non divini. Dotati di un potere, se non infinito, comunque molto superiore alle reali possibilità di cui degli esseri umani possono disporre.

Filosoficamente parlando, è anzitutto *impossibile* che un essere *finito* abbia un potere *infinito*. Inoltre, quanto più ambiziosi e totalizzanti fossero gli obbiettivi del complotto, tanto maggior tempo e risorse occorrerebbero per raggiungerli, e così non potrebbero che aumentare le probabilità che il gruppo si sfaldi in lotte intestine, e/o che ne trapeli qualcosa all'esterno.

In effetti è anzitutto impossibile che esseri umani che abbiano interessi malvagi possano andare *stabilmente* d'accordo: dato che interessi "malvagi" equivale a interessi "particolaristici", egoistici, non può passare molto tempo prima che gli interessi dell'uno entrino in rotta di collisione con gli interessi dell'altro. Già i Padri del deserto, acuti osservatori dell'animo umano, sostenevano che «un'amicizia tra due esseri umani che abbia una causa puramente naturale, si trasforma col tempo in feroce inimicizia»[40].

Ulteriormente c'è il fatto che è, se non impossibile, almeno estremamente improbabile, che nessuno dei membri del complotto, prima o poi, non lasci trapelare, volontariamente o meno, qualcosa del complotto stesso. Ora, perché un complotto possa reggere, è indispensabile che i suoi promotori agiscano all'unisono, senza tradirsi, in barba alla verità. Ma se già è molto difficile che anche un numero ristretto di persone possa agire all'unisono anche quando persegue dei fini buoni, e alla luce del sole, senza che sia richiesta complicazione alcuna, le cose diventano pressoché impossibili nel caso in cui a dover agire all'unisono sia un enorme numero di persone (come deve essere per un complotto *mondiale*), che persegue dei fini malvagi. Infatti, perché ciò si attui occorrerebbe tutta una serie di complicatissime manovre per nascondere, fingere, falsificare, e per eliminare chi rischia di tradire, e per non lasciarsi sfuggire mai nulla che possa contraddire le menzogne dette. E questo pare davvero pressoché impossibile. Perché mentire è più complicato che dire la verità, in quanto occorre essere sempre coerenti con quanto si è già detto mentendo. Il che è innaturale, e costringe a un dispendio di energie alla lunga insopportabile.

Per questo fu relativamente facile al profeta Daniele smascherare i due perfidi vegliardi che avevano accusato ingiustamente la "casta Susanna"[41]: continuare a mentire coerentemente e all'unisono è molto difficile. Del resto anche i giochi in cui uno debba sempre, e coerentemente, mentire non sono affatto facili. Si pensa al gioco proposto da Paolo Bonolis, su Canale 5[42], in cui il concorrente doveva sempre dare la risposta falsa, non

---

40 La traduzione proposta da Cristina Campo e Piero Draghi nell'edizione Rusconi del 1975 (*Detti e fatti dei Padri del deserto*) è leggermente diversa «L'abate Elia diceva: "L'amore di un uomo per un altro uomo, che abbia una causa temporale, si muta col tempo in feroce inimicizia". E.A. Wallis Budge, *The Paradise of the Holy Fathers*, trad. ingl. dal siriaco, 2 volumi, Londra 1907, II, p. 390.

41 Si tratta di un episodio raccontato nella Bibbia, nel libro di Daniele, cap. 13.

42 Nella trasmissione "Avanti un altro".

quella vera. Quasi tutti prima o poi cadevano: la mente umana è fatta per la verità, non per la menzogna.

La saggezza popolare di un tempo aveva sintetizzato la cosa dicendo che "le bugie hanno le gambe corte", cioè non reggono a una analisi minimamente avveduta. Che è quanto invece negava Hitler quando diceva che non c'è menzogna tanto grossa e spudorata che non lasci in chi la ascolta un po' di effetto (nel senso voluto da chi mente). All'opposto di Hitler e in accordo con la saggezza del proverbio sopra ricordato, il mistico cattolico Giovanni della Croce diceva che non c'è persona così abile a dissimulare i propri perversi intenti ingannatori che non possa essere smascherata con poche occhiate[43]. Potremmo dire, per spiegare le tesi opposte di Hitler e di Giovanni della Croce, che quanto più uno è nell'atteggiamento originario in cui la natura lo ha posto, tanto più è in grado di discernere il vero dal falso, e viceversa; è dal lato del soggetto, insomma, che ci può essere un difetto di discernimento, non dal lato dell'oggetto. Che è quanto dire che la realtà non inganna.

Anche per questo il pensiero complottista appare del tutto inverosimile.

Ovviamente il complottismo può assumere varie forme: dalle più "gravi" (dove massimo è l'ipotizzato livello di segretezza e di potere dei partecipanti al complotto) alle meno gravi (dove si concede che possa esistere una qualche forma di identificabilità dei "complottanti" e si ammette un limite del loro potere).

Resta che quanto più ci si avvicina a un'idea di segretezza totale e di potere totale, tanto più un tale tipo di complottismo si configura come un vero e proprio *delirio*, che implica una generalizzata diffidenza verso tutto ciò che è ufficiale, verso tutto ciò che è alla luce del sole. E quanto più uno

---

43 «Insegnamento 21 - Alcune volte l'udii dire che non vi è nessuna bugia tanto affettata e composta che, se ci si pensa, per una via o per un'altra non si conosca che è menzogna. Insegnamento 22 - Non esiste demonio trasfigurato in un angelo di luce che, guardato bene, non si riesca a vedere chi è. Insegnamento 23 - Non vi è nessun ipocrita così artificioso, dissimulato e finto che in poche occasioni e con poche occhiate non si scopra» (testimonianza di P. Eliseo dei Martiri, discepolo di S. Giovanni della Croce).

coltiva questo tipo di interpretazione della realtà, tanto più tende a pensare che le cose più importanti ci vengano nascoste dall'*establishment* ufficiale, schiavo di padroni occulti che tramano il complotto. Di qui le folli e aberranti idee che "magari l'uomo non è davvero andato sulla luna", o "magari la terra non è rotonda", "magari il covid-19 non è mai esistito", "magari ci impiantano dei micro-chips nel cervello e ci telecomandano", "magari usano le scie chimiche". Tuttavia benché si tratti di assurdità irrazionali, non sarebbe giusto liquidarle come puro e semplice fenomeno psicopatologico. Anche perché si tratta di un fenomeno che coinvolge un numero non piccolo di persone, e richiede anche per questo di essere in qualche modo capito.

Alla base del complottismo

Del complottismo non è probabilmente possibile trovare un'unica causa, quanto un complesso di cause. Che però potrebbe ruotare attorno a un unico fenomeno, la *frustrazione*, per una *percepita* ingiustizia subita. Perché si dia un atteggiamento complottista infatti si deve anzitutto verificare un senso di disadattamento, di forte insoddisfazione della propria posizione nelle relazioni intersoggettive, per esempio da un punto di vista economico-lavorativo, oppure da quello affettivo-relazionale. Tale condizione, invece di essere analizzata nella sua reale portata e nelle sue reali cause, cosa che richiederebbe uno sforzo di autocritica e di (inevitabilmente doloroso) riconoscimento dei propri errori e limiti, viene percepita come un'ingiustizia causata da *altri*. E quindi il complottista si pensa vittima di una ingiustizia. In base appunto a un meccanismo psicologico di difesa, più o meno inconscia, per cui invece di riconoscere le *proprie* responsabilità, risulta più facile e più comodo riversare le cause del proprio reale o presunto insuccesso (lavorativo o esistenziale) su altri. Certo il passaggio da "altri" prossimi ad "altri" remoti, cioè gli artefici del complotto (necessariamente esteso oltre la cerchia dei rapporti più prossimi), non è immediato. Ma risponde comunque a una logica abbastanza comprensibile: da un lato quella di "assolvere" chi si conosce in modo diretto, a cui in ogni caso non si potrebbe attribuire la responsabilità di causare danni così grossi come quelli che il complottista percepisce gli siano stato inferti. D'altro lato è probabile che agisca nel complottista il desiderio, più o meno inconscio, di *spersonalizzare* il proprio caso, in quanto se qualcosa capitasse *solo a lui* (ad opera di pochi "altri" *prossimi*), vorrebbe pur dire che in qualche modo uno se lo è meritato.

Se si crea un non realistico vittimismo, una percezione non realistica di essere vittima di una grave ingiustizia, ciò è reso possibile dalla *solitudine*, nel senso di rarefazione di rapporti umani *autentici*. Quest'ultimo aggettivo è decisivo: non è che, per lo più, manchino rapporti umani, è che spesso non sono (adeguatamente[44]) autentici. Anzitutto perché, per riconoscere la reale portata della propria situazione, che magari è meno negativa di quanto uno percepisca, e le sue reali cause, sarebbe di grande aiuto una vita relazionale autentica, che però al complottista manca. E, in secondo luogo, nella misura in cui non si vivono rapporti umani autentici, in cui ad esempio ci si possa parlare, si possano "dire le cose" con libertà, è inevitabile che si abbia la sensazione di non avere a che fare con la realtà, ma di vivere chiusi in una bolla di apparenza ingannevole. Di qui a pensare che il mancato contatto con realtà sia frutto di un inganno *altrui*, il passo non è molto lungo.

Questa percezione che la *realtà vera* ci sfugga si radica, in ultima analisi, da un punto di vista filosofico-teologico, nella lontananza da Colui che della realtà (visibile) è il Creatore: "tutto fugge te, che fuggisti Me". Negli anni '80 si potevano osservare, su certi marciapiedi di Milano, scritte come "clero maledetto che uccidi con l'onda". Si tratta di un fenomeno che è stato studiato[45]: pare che, se non l'autore, almeno l'ispiratore fosse un tal Torrighelli. A ben guardare, non si può negare, anche se sembrerà a tutta prima assurdo, che ci fosse *una parte* di verità in quelle scritte: la Chiesa infatti non ha armi materiali, ma chi si ribella a Cristo, cioè a Colui che la Chiesa annuncia, prova in sé il disagio di una inquietudine, quella di cui parlava S.Agostino all'inizio delle *Confessioni*: «il nostro cuore è

---

44 Nessun rapporto umano è *perfettamente* autentico; anche perché, nelle cose umane, la perfezione, di fatto, non esiste. Ma quanto meno un rapporto è autentico, tanto meno esso è soddisfacente.

45 Si veda ad esempio <<https://paolocamillosacchi.com/2018/08/23/il-clero-ti-uccide-con-londa/>>.

inquieto finché non riposa in Te». Ora, l'inquietudine non è certo dovuta al fatto che il clero manovri dei potenti cannoni laser direzionandoli selettivamente contro i miscredenti, ma è comunque qualcosa che si verifica tanto più, quanto più uno si oppone a Ciò che la Chiesa annuncia, cioè a Dio. Dio infatti, creandoci, ci ha dato una natura, cioè qualcosa di dato, qualcosa che non possiamo strapparci di dosso, e questa natura è protesa verso di Lui, Lo desidera come l'unico Oggetto che possa saziare il desiderio di felicità, che ci costituisce. Per questo opporsi a Dio non può non farci star male.

Ora, tornando al complottismo, non è senza ragione che chi vive lontano dalla sua verità umana, abbia la percezione di non avere a che fare con la realtà, ma con della semplice apparenza; tra gli altri anche Th.S. Eliot ne parlava, ne *L'assassinio nella cattedrale*, dove il "quarto tentatore" osserva che «Tutte le cose diventano meno reali, / l'uomo passa / d'irrealtà in irrealtà [*From unreality to unreality*]» e il protagonista, l'arcivescovo Thomas Becket, conviene che «il genere umano non può sopportare molta realtà [*very much reality*]». Ma questo ottundimento della percezione della realtà, come nel caso delle "onde" di cui (stra)parlava Torrighelli, non si produce per colpa *di altri*, di un Grande Burattinaio planetario, insomma di un complotto, ma per colpa *nostra*. Come infatti diceva S.Ambrogio da Milano: «quanti signori finiscono per avere quelli che non riconoscono l'Unico Signore»[46]. Il complottista insomma, anche qui, attribuisce a un altro (individuo o gruppo) ciò che dovrebbe attribuire a sé stesso, alla sue scelte.

Cause storico-oggettive

Che sia ad opera di una élite identificabile, oppure di una non identificabile, c'è quindi una parte della popolazione, nel mondo attuale, che ritene il vero potere, anche nelle democrazie, non sia nelle mani "della gente", e che le cose in politica vadano in modo del tutto indipendente dalla volontà dei cittadini. Perché le decisioni vengono prese da altri, da *loro*.

---

46 «Quam multos dominos habet qui Unum refugerit!» Ambrogio, *Epistulae extra collectionem traditae*, 14,9

Ad alimentare questo senso di frustrazione, oltre alle già ricordate cause del delirio complottista, concorrono anche dei fenomeni oggettivamente constatabili, specifici della *nostra* attuale congiuntura storico-politica, ossia: 1) il trasferimento, con la globalizzazione, di una serie di importanti poteri decisionali dagli Stati-nazione (più controllabili dalla "gente") a realtà sovra-nazionali (non, o difficilmente, controllabili); 2) il venir meno di forme di partecipazione in qualche modo diretta alla politica, garantite in particolare dalla forma-partito; 3) e la sostituzione, a tale modalità fatta di rapporti umani "in presenza", di quella potenzialmente devastante forma di confronto e di aggregazione interpersonale che sono i *social*.

La globalizzazione

È tesi piuttosto diffusa tra politologi e sociologi che la globalizzazione abbia sottratto alla cittadinanza (sottraendola agli Stati nazionali) una parte non esigua di potere decisionale e di controllo. Lo osservava già, tra gli altri, Ralf Dahrendorf.

> In ambito pubblico-istituzionale, sosteneva, «le decisioni stanno emigrando dal tradizionale spazio della democrazia. (...) Decisioni di vitale importanza non sono più assunte a Montecitorio, o a Westminster, e neanche in Capitol Hill, ma altrove. Per i paesi che hanno adottato l'euro, i tassi di interesse sono stabiliti a Francoforte. Se due grandi industrie vogliono fondersi, devono chiedere il permesso a Bruxelles»[47].

Sulla stessa linea Leonardo Marchettoni[48], secondo il quale

> «non solo la globalizzazione dell'economia e la delocalizzazione dei cicli produttivi indeboliscono drasticamente gli strumenti – in primo luogo fiscali – a disposizione degli Stati. I pericoli per la democrazia vengono anche dal fatto che le decisioni in materia di governo delle dinamiche economiche vengono sempre più spesso avocate da organismi e agenzie sovranazionali che dettano agli Stati le politiche da implementare» (*op. cit.*, cap. 6, § 8). «La regionalizzazione e l'internazionalizzazione della politica, la crescita di reti di comunicazione transnazionali, mettono in questione la funzionalità di un

---

47 *Dopo la democrazia* (Intervista con Antonio Politico), Laterza, Bari-Roma 2003, cap. 2, § 2.

48 In *Breve storia della democrazia*, Firenze University Press, Firenze 2018.

> insieme di procedure sorte all'interno dei confini dello Stato Nazione. Qui
> viene in causa il deficit democratico globale, vale a dire, l'assenza, nelle sedi
> politiche sovranazionali e internazionali – Unione Europea, ONU –, di
> meccanismi democratici comparabili con quelli operanti all'interno degli
> Stati e il prevalere di forme di *governance* legittimate sulla base di
> competenze tecniche» (*ibidem*, § 9)

E la lista potrebbe allungarsi, ma senza utilità, dato che si tratta di una tesi così largamente condivisa, da non richiedere ulteriori conferme. Tuttavia rimane che gli organismi sovranazionali sono stati liberamente abbracciati dagli Stati nazionali, che infatti ne ricavano benefici decisamente superiori agli svantaggi: lo abbiamo visto nel corso della pandemia di Covid-19: senza l'aiuto europeo l'Italia avrebbe avuto dei danni ben maggiori di quelli che ha avuto; del resto, come si è visto con la Brexit, gli Stati nazionali possono anche abbandonare, se lo vogliono, gli organismi sovranazionali a cui hanno liberamente aderito. Senza contare che l'ambito su cui gli Stati nazionali continuano a decidere è molto, ma molto maggiore di ciò su cui hanno ceduto la sovranità agli organismi sovranazionali.

Un pericolo ben maggiore per la effettività della democrazia viene semmai dal grande capitale internazionale, che con la democrazia non ha niente a che fare; è ancora Dahrendorf a rilevarlo:

> «il caso delle organizzazioni internazionali è tutto sommato ancora meno
> grave, perché lì almeno si può quasi sempre identificare esattamente la sede
> in cui la scelta viene fatta, anche se questo non vuol dire che sia in alcun
> modo controllabile o modificabile. Ma le cose diventano perfino più
> complicate quando le decisioni vengono prese da *corporations* internazionali,
> perché in quei casi non è così semplice nemmeno individuare dove si è
> deciso»[49].

L'intermediazione scomparsa

Riguardo alla seconda causa, il venir meno della *forma-partito*, essa è stata sempre più soppiantata da una esasperata personalizzazione e spettacolarizzazione della politica: non contano più idee e programmi che la gente possa concorrere a determinare discutendo in incontri "in

---

49 *Op.cit.*, ibidem.

presenza", come accadeva un tempo nelle *sezioni* locali di partito, dove gli iscritti a quel partito potevano vedersi e parlarsi; conta solo ciò che dice il leader, che la gente, per lo più, può solo vedere a distanza e acclamare. Spesso riponendo nel leader una aspettativa che non sarebbe eccessivo chiamare messianica (il "salvatore della patria"). A una politica fatta da una collaboratività diffusa, garantita da *livelli intermedi di partecipazione* e organizzata aggregazione, si è sostituito il rapporto immediato tra una massa tendenzialmente amorfa, sempre più meramente spettatrice passiva, e il leader. Potrà sembrare contraddittorio che si parli di passività della "massa", quando sul web, in particolare sui *social*, non manca certo gente apparentemente attivissima. Ma si tratta di un tipo di attività per lo più "pappagallesco", dove l'emotività ha ampiamente prosciugato una razionalità argomentativa. E dove quindi non si potrebbe trovare alcun contributo fecondo a un serio dibattito e a un serio dialogo. È questo, in effetti, uno dei (tanti) riverberi sulla vita politica della sopra accennata rarefazione di rapporti umani autentici.

Pseudo-aggregazioni: i social

Ma siccome le persone non possono fare a meno di qualche forma di aggregazione, ecco che all'incontro *reale*, in presenza, subentra l'incontro *virtuale*, sul web. L'allusione, ovviamente, è ai *social*, il cui uso, molto spesso distorto e patologico, è un potentissimo pericolo per la democrazia. Quest'ultima ha infatti bisogna che la gente *sappia* come stanno *davvero* le cose. Mentre i *social* sono diventati uno dei più importanti mezzi di fabbricazione e di diffusione di menzogne (le famigerate *fake news*), e di menzogne sistematiche. Sui *social* una persona può trovare l'avvallo alle teorie più assurde, e può quindi essere rafforzata nell'idea che nel mondo reale domini un complotto: come spiegare altrimenti il mancato riconoscimento di quelle che nella sua *echo chamber* sono verità indiscutibili (ma che in realtà sono solo strampalata spazzatura)?

Cause imputabili ai singoli

I tre fenomeni appena ricordati come motivazioni della crisi dei presupposti della democrazia, sono relativi a qualcosa di non dipendente dalla volontà dei singoli. Potremmo dire che sono fenomeni di cui *nessuno in particolare* è colpevole. Ma ci sono anche fenomeni che più facilmente si possono imputare alla responsabilità di ognuno.

Un deresponsabilizzante disimpegno

In effetti pensare che "decidono tutto loro" svolge anche una funzione de-responsabilizzante. Cioè viene incontro alla istintiva propensione al comodo, a un comodo disimpegno. Perché, per contare in politica, occorre impegno, e l'impegno costa. Occorre ad esempio informarsi bene, seriamente, e non accontentarsi di opinioni approssimative e superficiali, formate leggiucchiando su quei *social* che più vengono incontro ai nostri capricci. Ma informarsi bene, e riflettere seriamente, costa. Costa staccarsi dalla propria più immediata reazione istintiva e ponderare attentamente le questioni in tutti i loro risvolti.

Inoltre per contare occorre confrontarsi con altri, in modo serio, ben oltre la ricerca di *echo chambers* o di facili consensi con chi già si sa "la pensa come noi". E anche questo costa.

Insomma, in generale costa *impegnarsi* a rendere sostanziale la democrazia, da formale che rischia altrimenti di restare. E questo è qualcosa di indelegabile: non può esser delegato né ad altri esseri umani, né a regole o a meccanismi in cui non sia implicata la nostra libertà, la nostra responsabilità.

Per tornare all'affermazione iniziale: pensare che le cose vanno male per colpa degli altri, e pensare che ciò è *inevitabile*, ci libera dal peso, dalla fatica, potremmo anche dire dal sacrificio, di impegnare la nostra libera responsabilità.

In un certo senso quindi non sarebbe sbagliato accostare questa radice dell'antidemocraticismo a ciò che sta alla radice anche dell'attuale facilità al fallimento dei legami affettivi (si pensi alla diffusione delle separazioni matrimoniali), ossia pensare che tutto ci sia dovuto, che tutto si possa facilmente ottenere affidandosi a dei *meccanismi*. Mentre, non meno che nella vita relazionale, anche in ambito sociale e politico l'impegno della libertà personale è decisivo.

Una irragionevole pretesa

La ricerca, appena considerata, di un comodo disimpegno, è in qualche modo il polo negativo, che spiega *una* radice della deriva antidemocratica, ma va considerato anche il polo positivo, che può essere riassunto nella parola *pretesa*. La pretesa di *sapere* tutto (la presunzione) e la pretesa (in senso stretto) di *avere* tutto. Senza il sacrificio del compromesso.

In effetti a concorrere alla percezione del carattere ingannevole della democrazia c'è anche il rifiuto dell'idea stessa di *compromesso*, che è invece essenziale alla democrazia. Si vorrebbe infatti che la democrazia fosse il "potere delle gente", dove però uno con "la gente" intende in realtà "se stesso", o al massimo "la gente che la pensa come me". Si dimentica cioè che come, in generale, nella realtà ci sono – per dirla con Shakespeare - "più cose di quante ne conosca la nostra filosofia", così nella realtà politica, ci sono ben più esigenze di quelle che posso avere io o "la gente che la pensa come". Esistono diverse interpretazioni della realtà e diverse soggettività politico-culturali, di cui occorre tenere conto: la democrazia è *compromesso*, compromesso tra diverse istanze, tra diverse *parti*, che devono trovare il modo di comporsi pacificamente, tendendo il più possibile al bene comune.

Ma l'idea di un compromesso risulta tanto meno accettabile quanto più prendono piedi i ricordati atteggiamento di *presunzione* e di *pretesa*: atteggiamenti che hanno comune la dimenticanza del *limite* che ci caratterizza come esseri umani, sia nella nostra singola persona sia nelle realtà collettive in cui ci possiamo immedesimare. La pretesa invece fa come se noi fossimo divini, illimitati.

Come scrivevo in un articolo per *Linea-tempo* «il primo atteggiamento, la presunzione, porta a disprezzare la *competenza* professionale e a far sì che anche chi non ne ha i requisiti si reputi esperto pressoché infallibile (in un dato campo). Ma la competenza in un dato campo non è qualcosa che si possa improvvisare, leggendo velocemente qualche pagina internet: richiede tempo, capacità, serietà di studi, le necessarie relazioni con chi a sua volta è esperto. Come ricorda Tom Nichols

> «Nessuno è esperto di tutto. A prescindere da quali siano le nostre aspirazioni, siamo vincolati dalla realtà del tempo e dai limiti innegabili del nostro talento. Prosperiamo perché ci specializziamo e perché sviluppiamo

meccanismi formali e informali che ci permettono di fidarci reciprocamente per le rispettive specializzazioni»[50].

Purtroppo, tuttavia, si è da tempo diffusa una sottovalutazione della specificità di una autentica competenza, che diviene in alcuni un vero e

presunzione di chi crede di aver capito tutto

Lo sottolinea, ancora, Tom Nichols:

---

50 *The Death of Expertise*, Oxford Univ. Press, Oxford - New York 2017, tr.it. *La conoscenza e i suoi nemici. L'era dell'incompetenza e i rischi per la democrazia*, Luiss University Press, Roma 2018, cap. 1, § 11.

Ci sono «sono persone mediocri che credono di essere dei pozzi di scienza. (...) sono gli "spiegatori", sempre felicissimi di illuminare noi e gli altri su qualsiasi argomento, dalla storia dell'imperialismo ai pericoli dei vaccini.»[51]

Esemplificando Nichols osserva che «i medici si scontrano abitualmente con i pazienti riguardo ai farmaci; (...); gli insegnanti raccontano storie di genitori che insistono nel sostenere che i figli hanno risposto correttamente alle domande d'esame anche quando si può dimostrare il contrario; gli agenti immobiliari raccontano di clienti che hanno acquistato case malgrado il loro parere professionale negativo e si sono ritrovati a dover spendere soldi su soldi.»

In ogni caso, appare difficilmente contestabile quanto afferma Nichols parlando di «fine della competenza» come di «un infantile rifiuto dell'autorità in tutte le sue forme unito all'insistenza sul fatto che le opinioni più decise siano indistinguibili dai fatti»[52].

E così capita quotidianamente che, nella Rete, degli *incompetenti* pretendano di sapere ciò non sanno e causino, così, danni anche seri:

«Non ci sono abbastanza pagine, su questo o su altri libri, per catalogare la quantità di informazioni non valide presenti in Rete. Cure miracolose, teorie del complotto, documenti falsi, citazioni attribuite alla persona sbagliata: tutte queste cose, e altre ancora, costituiscono le erbacce infestanti che con grande velocità hanno ricoperto il giardino globale del sapere. I fiori e le erbe più sane, ma meno resistenti, non hanno possibilità di sopravvivere»[53].

A determinare atteggiamenti di questo genere hanno contribuito verosimilmente diverse cause.» Si potrebbe ad esempio pensare, anzitutto, a un modo distorto di intendere l'eguaglianza, un modo che non sopporta alcuna gerarchia; mentre è vero che tutti siamo uguali quanto a dignità, ma questo non significa che tutti sappiamo far bene tutto, ed è saggio realismo riconoscere che un altro può essere più bravo di me *nel suo campo* (ad esempio quello medico, o giuridico, o edilizio). Proseguivo osservando che «legato a questo pseudo-egualitarismo non va trascurato l'influsso di una cultura *relativistica*, per cui non c'è una verità oggettiva, valida per tutti, ma ognuno può mettere in discussione *tutto* e

---

51 *Op.cit.*, cap. 1, § 8 e § 49.

52 *Op.cit.*, cap. 1, § 61.

53 *Op.cit.*, cap. 4, § 39.

decidere, arbitrariamente, che cosa considerare come vero (come ricorda sempre Paolo Musso, Thomas Kuhn ha una grande responsabilità nell'aver diffuso una epistemologia relativistica, come se la scienza non conoscesse davvero la *realtà*[54])».

54 Cfr. Paolo Musso, *La scienza e l'idea di ragione*, Mimesis, Milano 2019[2], p. 579 sgg.

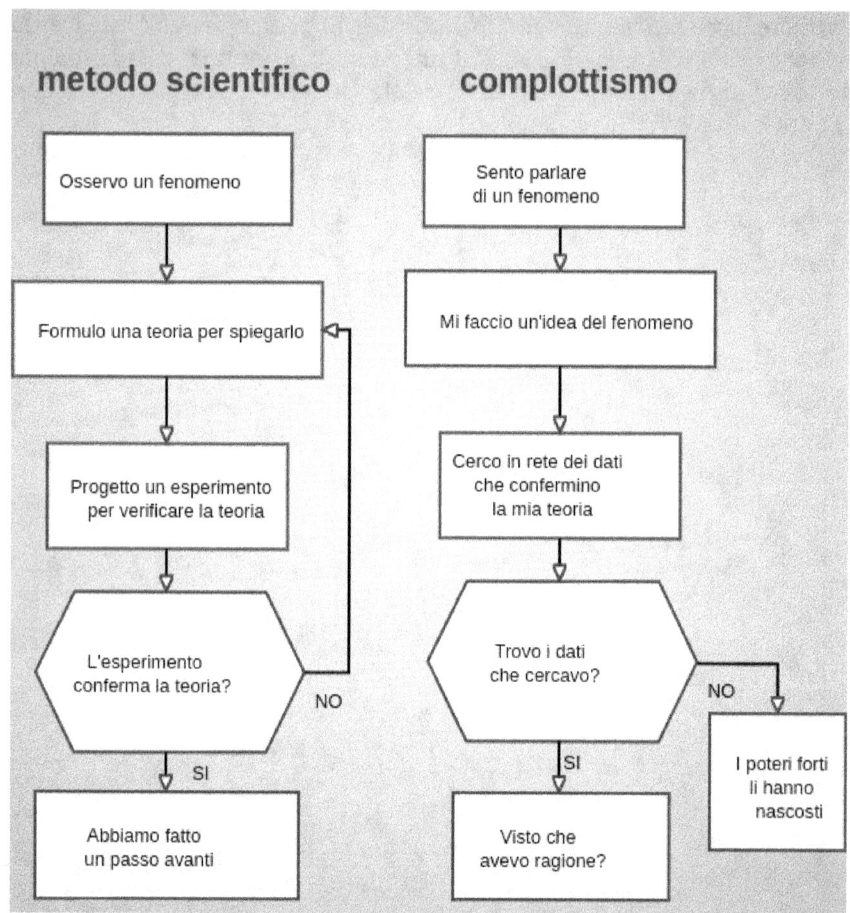

Questa vignetta, rielaborata dal web, esemplifica i due grandi atteggiamenti verso la realtà: a sinistra un atteggiamento serio, scientifico, che si piega sulla realtà, a destra l'atteggiamento di *presunzione*, che non si confronta con la realtà, ma vira verso il complottismo.

Anche la scuola, negli ultimi decenni, può aver dato un suo involontario contributo ad alimentare la presunzione per via dell'«eccesso di generosità nelle valutazioni», che ha alimentato in molti «una sovrastima delle proprie capacità e delle proprie conoscenze.

E infine c'è la stessa Rete, che mette a disposizione di tutti moltissime informazioni, raggiungibili rapidamente e facilmente», e per lo più gratuitamente, «col risultato di contribuire a dare a molti l'illusione di sapere» più di quanto non sappiano davvero, o che sia comunque facilissimo sapere «*tutto* quello che c'è da sapere». Sta insomma aumentando pericolosamente la presunzione, cioè un'erronea sovrastima delle proprie capacità conoscitive e delle proprie reali conoscenze, nel senso che uno crede di capire e di sapere molto più di quanto in effetti capisca e sappia. Smarrendo, come si diceva, il senso del proprio limite.

Questo, come già accennato, ha delle gravi ricadute sulla accettabilità della democrazia: questa infatti suppone che diversi punti di vista, che non si pretendono assoluti, accettino di confrontarsi e comporsi pacificamente (accettino cioè il compromesso). Ma diversi punti di vista possono accettare di comporsi pacificamente solo se ognuno non pretende di essere *il* punto di vista, ma accetta di essere *un* punto di vista.

Se invece prevale la presunzione, che si illude di avere facilmente e di primo acchito capito tutto, risparmiandosi la fatica di una serietà nell'informarsi, nel riflettere e nel dialogare senza isteriche animosità, si crea un pericolo per la democrazia. Questa infatti ha bisogno che i cittadini che poi voteranno non bevano come oro colato *fake news*.

Se la presunzione rappresenta il versante *conoscitivo* del mancato riconoscimento del proprio limite, la *pretesa* (in senso stretto) ne rappresenta il versante pratico-operativo: ossia il pretendere che *tutto* debba andare come uno ha progettato. Anche qui: come se disponessimo di un potere illimitato. Come cioè, in fondo, se fossimo Dio.

Alla pretesa come atteggiamento diffuso, scrivevo ancora nel citato articolo per *Linea-Tempo* «si possono ricondurre fenomeni, purtroppo in aumento, come le aggressioni a docenti o a personale medico[55]»: tutto deve andare come uno ha in testa. Per cui se il figlio va male, è senz'altro tutta colpa del docente; e se l'operazione non riesce è senz'altro tutta

---

55 Il diffondersi di questo fenomeno ha spinto il Parlamento, nell'ottobre 2023, a inasprire le sanzioni contro chi aggredisce un docente. E qualcosa del genere si sta pensando a tutela del personale sanitario, medici e infermieri, sempre più spesso oggetto di reazioni aggressive incontrollate.

colpa del medico (o del personale ospedaliero). E ricordavo anche «come la pretesa stia alla radice anche di un altro fenomeno diffusosi negli ultimi decenni, cioè l'instabilità dei legami matrimoniali; nel senso che si pretende dal coniuge qualcosa che non è realistico, data la comune imperfezione del genere umano, pretendere.» Anche perché «se hanno visto bene Agostino, e dopo di lui Blondel, quando parlavano di un desiderio che solo l'Infinito può saziare - nessun essere umano, nemmeno il più perfetto, potrebbe colmare compiutamente l'aspettativa profonda, il desiderio di felicità totale e infinita, di un altro essere umano». Vi è in effetti un parallelismo tra l'atteggiamento verso la vita affettiva (intersoggettiva) e la vita politica (collettiva): come il partner non può saziare fino in fondo il desiderio di felicità che inevitabilmente spinge oltre qualsiasi meta finita (nessun essere umano può saziare fino in fondo l'attesa di felicità di un altro essere umano), così la politica è necessariamente l'ambito del compromesso e della mediazione, e non può darci una pienezza di soddisfazione totale. L'attesa di una società perfetta, di *un paradiso in terra*, che ha caratterizzato i sistemi totalitari novecenteschi, si è già rivelata, come era del resto ampiamente prevedibile, profondamente rovinosa.

Ma questo atteggiamento di pretesa spinge a rifiutare la democrazia: se uno si concepisce come divino, non accetta limiti (né compromessi), e ritiene suo diritto avere *tutto* quello che vuole. E quindi rifiuta il metodo, che è essenziale alla democrazia, di confrontare, pacificamente e senza *diktat*, le proprie esigenze e i propri progetti con quelli degli altri.

Inganno?

Dopo aver visto che cosa può spingere oggi la gente a pensare che la democrazia sia un inganno, chiediamoci, per concludere: lo è davvero o no?

Intanto, come già ricordato nel 2° capitolo, c'è qualcosa che tutti possono constatare, in democrazia: nessuno vieta a nessuno di dire quello che vuole, neppure di parlar male della stessa democrazia. E tutti possono presentare delle proprie liste alle elezioni. E non risulta che nemmeno delle liste improvvisate, i "partitini-meteora", che in genere accompagnano le elezioni possano accampare accuse di brogli elettorali ai partiti "maggiori", quelli del "Palazzo". I Cinque Stelle in Italia ad esempio, nemmeno nella loro fase ruggente, iniziale, hanno mai potuto accusare i partiti tradizionali di brogli elettorali. E infatti nessuno ha impedito loro di raggiungere, a un certo punto, nientemeno che la maggioranza relativa in Parlamento, e, a livello locale, in diversi comuni, di conquistare il potere.

Che poi i mezzi di informazione siano in mano sempre ai soliti, è tesi che col diffondersi dei *social* ha perso gran parte di senso. Senza contare che tra coloro che hanno in mano i maggiori organi di informazione esiste da sempre dialettica e contrasto. E quindi possibilità di formarsi una propria opinione, confrontando diverse tesi.

Anzi, semmai, c'è tanto poco controllo oppressivo e mono-direzionale, che appare piuttosto esserci fin troppa libertà di mettere in circolazione qualsiasi versione dei fatti, per stravagante e infondata che sia. Non è per invocare alcuna censura: solo che lamentare una mancanza di libera pluralità di fonti di informazione è oggi più che mai decisamente infondato.

Ma c'è un dato ancora più imponente: tutti possono constatare che *maggioranze diverse*, elette democraticamente, attuano programmi *realmente diversi*, e anche di molto. Nessuna persona ragionevole e minimamente informata può contestare che se al potere c'è una certa parte politica le cose vanno diversamente da quando al potere ci va un'altra parte[56]. Il che non potrebbe accadere se il "vero comando" fosse in mano sempre agli stessi, alla stessa élite (invisibile o meno).

Questo, certo, non significa che ci sia da qualche parte una democrazia totale, ma una *democrazia non totale* è comunque meglio di una *totale non democrazia*. Analogamente a come, per tornare al caso dei ladri, una onestà non totale è sempre meglio di una totale disonestà.

---

56 Chi potrebbe sostenere che Biden abbia fatto le stesse cose che avrebbe fatto Trump, se fosse stato eletto lui nel 2020? E chi potrebbe pensare che la Schlein avrebbe fatto e farebbe le stesse cose che ha fatto e fa la Meloni dal 2022?

IV. Democrazia e fede in Dio

Obiezioni inconsistenti

Una obiezione che ha a lungo trattenuto molto mondo cattolico dall'abbracciare convintamente l'ideale democratico è che, se ad essere sovrano è il popolo, allora non lo è più Dio. Ma, per un credente, la sovranità deve appartenere a Dio solo: Lui solo può decidere che cosa è bene e che cosa male.

Questa obiezione è stata superata da parte del Magistero della Chiesa, ma rimane, più o meno latente, in molti, soprattutto nell'area ultraconservatrice. Vale dunque la pena spendere qualche parola sul tema.

Anzitutto va detto perché quella obiezione non regge. Non regge perché una democrazia sanamente intesa, come essa *può* esserlo, non significa che il "popolo" *crei* la legge morale, inventi cioè arbitrariamente, all'interno di un orizzonte relativistico, che cosa vada considerato come bene e come male.

Come già spiegava Jacques Maritain[57], non è essenziale alla democrazia che la sovranità popolare significhi questo: le è invece essenziale che sia il popolo a *riconoscere* (che non vuole dire *creare*) ciò che è bene e ciò che è male (non in assoluto, ma) per la *convivenza civile*. Magari anche sbagliando, d'accordo. Ma a) sempre limitatamente all'ambito della convivenza civile, e perciò b) sempre facendo salva la libertà di coscienza delle *persone* per quanto riguarda le scelte ultime personali (come invece non capita nei regimi dispotici, che infatti spesso perseguitano certe visioni-del-mondo[58]), e c) sempre con la possibilità di rivedere quanto si è deciso in un certo momento. Il punto non è che la maggioranza sia

---

57 Ad esempio in *Humanisme intégral*, Aubier, Paris 1936, 1946^2 , tr. it. *Umanesimo integrale*, Borla, Roma 1962.

58 Come nei regimi comunisti, con le religioni attivamente perseguitate.

infallibile, ma che d) è meno probabile, tanto più in società dove l'istruzione è diffusa, che sbagli stabilmente una maggioranza (le cui scelte sono oltretutto previamente discusse e rivedibili) di quanto non lo possa fare l'arbitrio dispotico di una oligarchia o di un singolo tiranno, le cui decisioni non siano criticabili.

Un credente, come chiunque usi bene la sua ragione, sa che *è Dio a stabilire che cosa è bene e che cosa è male*, e che nessuna azione intrinsecamente cattiva dal punto di vista etico diventa buona per il fatto che così decide la maggioranza. Ma se già in ambito etico (personale) esistono discussioni anche accese all'interno della teologia e del magistero cattolici[59], la gestione della politica è ancora più *complessa*. Lo è, perché più ci si allontana dal "vertice della piramide" e si va verso la sua "base", cioè più si scende dai valori etici, regolatori della convivenza, *supremi* (riassumibili nella *regula aurea*[60]) e più, quindi, si va verso questioni contingenti e *particolari*, meno evidenti diventano le soluzioni dei problemi; e più quindi diventa necessario il confronto e il dialogo, tipici della democrazia.

Questo non significa relativismo: non significa che non esistano una verità oggettiva e dei valori universali, validi per tutti. Significa solo che il *nostro* (soggettivo) riconoscimento delle verità e dei valori non è automatico né facile, tanto più, appunto, quanto più si va verso una loro declinazione in una situazione concreta e particolare: esso è inevitabilmente soggetto a dei limiti, e quindi il confronto, pacifico e dialogico, con altri non può che essere di aiuto in tale opera. Mentre troppo spesso, in passato, alcuni hanno preteso di aver "capito tutto" (della "oggettività") e di *possedere* quindi delle verità immutabili e assolute che arrivavano fino al dettaglio. Solo che poi la stessa suprema autorità della Chiesa (il Concilio Vaticano II e i Sommi Pontefici succeduti ad esso) hanno cambiato lo *status* di tali presunte verità da assolute e immutabili a contingenti e relative, e anzi in qualche caso vi hanno

---

59 Proprio in questi ultimi tempi stiamo assistendo a polemiche infuocate di una parte del mondo cattolico contro l'attuale Pontefice su temi etici (la comunione ai divorziati, la benedizione alle coppie dello stesso sesso e così via).

60 "Non fare agli altri ciò che non vorresti fosse fatto a te".

sostituito il loro *esatto contrario*. È il caso della libertà religiosa, che, da contraria alla legge naturale, è divenuta espressione della legge naturale; per cui e ad essere contrario alla legge naturale è diventata la sua negazione[61].

In secondo luogo, l'avversione alla democrazia nasce dal fatto che in molti sistemi democratici *di fatto* "passano" delle leggi ritenute, a torto o a ragione, soprattutto in area ultra-conservatrice, contrarie alla fede.

Riprendendo quanto già si è detto sopra[62], si può qui aggiungere, usando le parole del sito Cultura nuova[63], che «trascurando pure il fatto che a tale area, ultra-conservatrice, sfugge, come nota Borghesi, tutta una gamma di valori postulati dalla fede ma da essa ignorati (come la giustizia sociale e la solidarietà con i più poveri e deboli), ciò che viene in tal modo dimenticato è che se tali leggi» ritenute, magari anche a buon diritto, discordanti dall'etica cristiana «vengono approvate, non è per colpa della democrazia, che dà la possibilità a tutti di esprimersi, ma di chi non è capace di convincere la maggior parte della gente della bontà della propria posizione.

Il che è quanto suggerisce implicitamente Paolo Musso quando parla di quei cristiani "che pretendono che le leggi continuino a basarsi sui valori cristiani anche se questi non sono più accettati dalla maggioranza, invece di interrogarsi sul perché questo è accaduto e soprattutto sul come tale tendenza può essere invertita"[64].

Non si può, insomma, chiedere che lo Stato faccia da *stampella coercitiva* a una soggettività incapace di convincere. Si tratta di non risparmiarsi il lavoro di testimonianza e di dialogo nella società, tra la gente.

---

61 Su questo ha scritto cose molto interessanti Böckenförde, nel già citato *Cristianesimo, libertà, democrazia*.

62 Nel cap. 2°.

63 <<https://culturanuova.net/filosofia/questioni/la-democrazia-e-la-fede.php>>

64 *La scienza e l'idea di ragione*, Mimesis, Milano 2019, p.149.

Preferibilità "cristiana" della democrazia

Ma non basta dire che la democrazia non è contraria alla fede, la verità è che essa le è *più congeniale del dispotismo*. È cioè proprio quest'ultimo, soprattutto nella forma che ha assunto negli ultimi due secoli, ad essere totalmente e inappellabilmente incompatibile con la visione cristiana della realtà. Non sarà un caso del resto se la forma più spinta di dispotismo contemporaneo, il totalitarismo, è stato teorizzato proprio da pensatori radicalmente anti-cristiani (*in primis* Marx).

Certo, che la democrazia si attagli meglio alla fede è vero essenzialmente *in ambito civile* (per ciò che riguarda "Cesare" e non "Dio"), dato che la Chiesa come organismo non è (non sotto molti aspetti, almeno) "democratica". È sì vero infatti che nella Chiesa il Papa viene eletto, e quando ci sono le supreme assemblee della Chiesa, i Sinodi e i Concili, si vota, e passa quello che la maggioranza vota. Analogamente negli ordini religiosi i dirigenti, sia "locali" sia "centrali", sono democraticamente eletti. Resta però che i vescovi non sono eletti, ma cooptati dal Papa, pur dopo essersi consultato; così come i parroci non sono eletti dai fedeli, ma nominati dai vescovi. Ma soprattutto nella Chiesa è, giustamente, molto forte la coscienza di custodire una Oggettività *ricevuta*, *donata* e molto meno interpretabile di quanto non lo siano i problemi politici.

Venendo, invece, all'ambito civile, si può anzitutto osservare che, da un punto di vista logico, la democrazia è più conforme al Cristianesimo del dispotismo.

Dire dispotismo infatti è dire *superbia*, la *superba pretesa* di una *parte* che non riconosce di essere parte, ma *pretende di essere tutto*. Si tratta cioè della pretesa di una realtà finita che si pretende infinita, si arroga poteri infiniti. Dire democrazia, al contrario, è dire *umiltà*, umile consapevolezza che *la parte è solo una parte*, ossia consapevolezza del *limite creaturale*, per cui il finito riconosce di essere finito, limitato, e non si pretende infinito.

Vediamo di giustificare l'affermazione che il dispotismo implichi una superba pretesa: si può concedere che essa non sia totalmente vera *nel caso* di dispotismi *anteriori al Novecento*. Lì abbiamo sì una parte che si pretende tutto, ma non necessariamente si pretende infinita (tranne il caso di alcuni despoti pazzi, che si pretendevano dio e pretendevano di essere adorati come tali). Però anche in quel caso, come si ricorda in *Cultura nuova*[65], che differenza c'è stata tra quell'«epoca fortemente influenzata dalla fede, come il Basso Medioevo», che «conobbe forme di democrazia: si pensi ai *Comuni* italiani» e le monarchie assolute fiorite in età moderna ('500 e '600)! È vero infatti che queste ultime non erano «dei regimi propriamente dittatoriali», tuttavia «andavano comunque in quella direzione, della concentrazione del potere in poche mani» e questo non a caso «andò di pari passi con una limitazione della libertà della Chiesa. Col tentativo di sottometterla al potere politico, come fu con il progetto gallicano nella Francia di Luigi XIV».

Ma se già le monarchie assolute presentavano dei problemi, dal punto di vista della fede cristiana, coi totalitarismi fioriti nel XX secolo ci si è spinti ben oltre: siamo di fronte a una radicale e inequivocabile, *incompatibilità* tra di essi e il Cristianesimo. I *totalitarismi* novecenteschi, infatti, sono l'applicazione pratico-politica di concezioni filosofiche radicalmente anticristiane, che concepiscono l'Umanità come divina. E si ha così la pretesa che una parte, la parte dominante, sia propriamente divina, dotata di un potere infinito, e capace di assicurare la *divinizzazione* dell'Umanità, la sua infinitizzazione. Il marxismo, ad esempio, non si è configurato come una "modesta" proposta di modifiche limitate all'ambito economico-sociale, ma ha avuto una pretesa totalizzante. Capace cioè di riplasmare radicalmente *ogni* aspetto della vita umana, pubblico o privato. La sua scommessa era la creazione di una *Società nuova e perfetta*[66]. Avrebbe infatti dovuto nascere un *Uomo Nuovo* da cui il male sarebbe stato finalmente, totalmente e definitivamente, sradicato. Sia pure al prezzo di spaventose carneficine. Lenin, infatti, il fondatore del comunismo sovietico, disse che «se per edificale il comunismo fosse necessario eliminare i nove decimi del genere umano, sarebbe giusto farlo». E analogamente fascismo e nazismo sono intrinsecamente collegati a ideologie in cui l'umanità si pretende divina e pretende di estirpare totalmente il male; anche in questo caso, soprattutto per il nazismo, mediante l'eliminazione fisica di una parte del genere umano:

---

65 Nella pagina sopra citata.

66 Non "un po' migliore", ma proprio "perfetta".

non più, come nel caso del marxismo, la borghesia, ma gli ebrei. Ma estirpare totalmente il male è prerogativa divina.

Anche per questo la democrazia, la cui imperfezione non le è intrinseca ma è conseguenza del peccato originale, è «la forma di governo più conforme ai valori cristiani di eguaglianza di tutti gli esseri umani.

Inoltre essa è la più conforme al Disegno di un Mistero che non vuole degli *schiavi*, ma dei *figli*, liberi e da cui si aspetta una adesione libera e non forzata. Come ben ha sottolineato Charles Péguy». Il Mistero ha scelto di *proporsi*, e non di imporsi. E anche per questo il dispotismo che *impone* le cose è più contrario alla fede di quanto non lo sia la democrazia, in cui si confrontano diverse *proposte*, ed è lasciata alle persone la massima *libertà*. Esattamente come fa il Creatore.

Forma e contenuti

Dobbiamo distinguere tra

- contenuti *generali*, indispensabili alla pacifica convivenza,
- e contenuti *specifici* di una certa parte, che, nel caso quella parte sia la comunità cristiana, sono indispensabili non a una pacifica convivenza civile, ma alla salvezza eterna dell'anima.

Per un cristiano il giudizio sulla democrazia si gioca tutto su questa domanda: va privilegiata

- la *forma* democratica, per cui tutte le parti accettano di essere solo delle parti e accettano di *proporre* delle soluzioni,
- o vanno privilegiati i *contenuti* specifici della visione cristiana, *imponendoli* a tutti?

In questo secondo caso lo scenario è quello di una parte che si pone come il tutto. Ma così, imponendo dei contenuti *specifici*, per quanto veri e giusti possano essere, il solo fatto di imporli ne squalifica il valore. Dallo stesso punto di vista della fede.

La strada della imposizione è una *scorciatoia* che ci dispensa dalla fatica di un impegno personale e si radica in una profonda sfiducia nella

Provvidenza. E pretendendo di controllare tutto, si mette al posto di Dio. Un po' come il Grande Inquisitore di Dostoevskij[67]. Meglio seguire la strada maestra e rischiare sulla libertà delle persone. Accettando il rischio della democrazia. Che è perciò preferibile, anche dal punto di vista cristiano.

Non per nulla sono esistiti, in molti paesi cattolici, dei partiti che si chiamavano "Democrazia cristiana", quasi a rimarcare come tra i due termini non ci sia opposizione.

Ma tutto questo si chiarirà ancora meglio nel prossimo capitolo, Fondamenti della democrazia.

---

67 In un celebre capitolo del suo, non meno celebre e bellissimo, romanzo *I fratelli Karamazov*.

V. Fondamenti della democrazia

In fondo ci sono ormai solo due grandi possibilità, in un mondo multiculturale, dove convivono soggettività diverse, che sono come diverse *parti* della società: o una parte domina sulle altre (e allora si ha il dispotismo) o tutte le parti decidono di vivere alla pari, di convivere cioè con pari dignità e pari diritti (e allora si ha la democrazia).

La prima soluzione suppone l'impossibilità di un accordo, di una intesa tra le parti. La seconda suppone invece che tale possibilità ci sia, suppone che gli esseri umani non stiano insieme necessariamente come belve feroci che si sbranano reciprocamente.

La prima soluzione, che trova in Hobbes e in Carl Schmitt[68], i suoi maggiori teorici, avrebbe qualche senso se noi fossimo solo animali, anzi animali feroci, e tra di noi non esistesse alcuna oggettiva comunanza, alcuna comune appartenenza a una stessa famiglia, e noi non fossimo in grado di riconoscere una verità oggettiva, valida per tutti, e quindi (un minimo di) valori realmente universali, validi per tutti. In tale orizzonte non esisterebbe alcun bene comune, ma solo la triste massima *mors tua, vita mea*[69], e la nostra comune ragione non sarebbe in grado di cogliere dei principi oggettivamente validi per tutti e tali da assicurare tale bene comune.

Ma se noi siamo parte di una stessa umanità, di una stessa famiglia umana, se l'espressione "fratellanza universale" non è vuota e interessata retorica, se il male fatto a uno è male fatto a tutti, in primo luogo a colui che lo fa, e se la nostra ragione, la ragione comune a tutti gli esseri umani, è in grado di cogliere dei valori che tutti possono riconoscere come validi, come buoni per tutti, come condizione per l'attuarsi del bene comune, allora è la seconda soluzione ad essere la più

---

68 Si dovrebbe citare anche Marx, in realtà: per lui tra le classi sociali non ci può essere accordo, ma solo lotta. Salvo il sogno di una futura società in cui magicamente avrebbe dovuto regnare l'armonia. Ma i fatti hanno dimostrato che proprio di sogno si trattava. Un sogno costato milioni e milioni di esseri umani spietatamente uccisi.

69 La tua morte è (necessaria/utile al) la mia vita.

ragionevole. E allora ha senso che, con la pazienza resa necessaria dai nostri umani limiti, morali e conoscitivi, tutte le parti si confrontino pacificamente e sinceramente. Per convergere su un bene comune, che non sia (o meglio, che sia il meno possibile) un accomodamento superficiale relativisticamente inteso, ma una reale intesa su ciò che è davvero non-negoziabile.

Apparentemente quindi, la democrazia suppone il relativismo. Ma in realtà essa è l'unica a supporre *esattamente il contrario* del relativismo, ossia la possibilità che tutti riconoscano un fondamento comune, oggettivamente universale, alla convivenza civile.

Conclusione

La democrazia ha dei limiti. È fragile. C'è *una parte* di verità nelle motivazioni contro di essa, come abbiamo visto. Però una correzione degli errori di fatto commessi da governi democratici può essere fatta *dall'interno della democrazia*. La quale infatti, checché ne pensi il complottismo, consente di manifestare tutte le obiezioni che si hanno e di sottoporle al vaglio degli elettori. Se in democrazia si fanno degli errori, come già si è detto, non è per colpa della democrazia, ma per colpa di chi, di volta in volta, si trova a gestire il potere (e di chi glielo ha dato, votandolo). È un po' come se uno usa un coltello per ferire o uccidere: la colpa non è del coltello, ma di chi in quel caso lo usa (male). Ed è intuitivo che sarebbe sbagliato proibire la fabbricazione e la commercializzazione dei coltelli solo perché qualcuno li usa male. Analogo discorso si potrebbe fare per tantissime scoperte scientifiche o tecnologiche, che *possono* essere *usate* male, ma sono in sé stesse buone; per cui sarebbe assurdo sbarazzarsi della stessa scienza o della stessa tecnologia, solo perché possono essere usate male. Anche perché è un dato statistico che le scoperte scientifiche sono usate male in percentuale decisamente più ridotta di quanto non lo siano per il bene dell'umanità. E così è anche per la democrazia: sul piatto della bilancia le distorsioni che se ne possono fare sono senza paragone meno gravi dei benefici che essa arreca.

Senza contare che il suo contrario comporta tali e tanti svantaggi, da tutti i punti di vista, da risultare senza paragone peggiore della democrazia. Se non altro per la semplicissima ragione che la democrazia ha in sé, come si è già detto, gli strumenti per autocorreggersi *in modo pacifico*, mentre un regime dispotico non si può correggere che con una rovesciamento violento, con spargimento di sangue, caos, distruzioni.

Già nel XIX secolo Alexis de Tocqueville, osservando il funzionamento della democrazia negli Stati Uniti, in *De la démocratie en Amerique* (1835-40), auspicava che l'inesorabile cammino della storia verso forme sempre più democratiche di esercizio del potere, prendesse la direzione di una democrazia *sostanziale*. Quest'ultima, vedeva giustamente Tocqueville, non è conseguenza *automatica* e necessaria di istituzioni democratiche: le istituzioni sono la forma (istituzionale), che garantisce a tutti di poter esprimersi e contare. Ma nella misura in cui una popolazione (quello che potremmo chiamare il "pre-istituzionale") è atomizzata in tanti individui isolati, nella misura in cui cioè mancano *relazioni autentiche* tra le persone, in cui mancano quindi aggregazioni in cui il legame tra le persone sia più forte del mero interesse economico, il rischio è che effettivamente una democrazia si fermi a un livello prevalentemente *formale*. Nella misura in cui avviene ciò i più furbi e i meglio organizzati riescono ad avere troppo potere, sia pure, comunque molto meno di quello di un despota o di una oligarchia dispotica. Occorre perciò coltivare legami di solidarietà e vivere rapporti di autenticità umana, che rendano sostanziale la democrazia, ma questo non può essere programmato "a tavolino": è totalmente affidato alla *libertà* delle persone.

Come diceva Eliot: non esistono sistemi talmente perfetti da poterci risparmiare la fatica di impegnare la nostra libertà[70]. Per non cadere "dalla padella" di una democrazia formale (una *democrazia non totale*) "nella brace" di un regime dispotico (una *totale non democrazia*) e rendere il più possibile sostanziale la democrazia, non c'è meccanismo istituzionale che tenga, se manca l'impegno della nostra libertà.

Una democrazia formale è comunque meglio del dispotismo, ma la pienezza della democrazia, la democrazia sostanziale, a cui dobbiamo tendere, e a cui possiamo solo *asintoticamente* avvicinarci, si gioca tutta nell'ambito, non meccanico, non pianificabile, del pre-istituzionale, di quanto insomma vi è di più autenticamente umano nella nostra umanità.

---

70 «They constantly try to escape / From the darkness outside and within / By dreaming of systems so perfect that no one will need to be good.» Eliot, *I cori della Rocca*, VI, vv. 21-23.

Bibliografia minima

Applebaum, Anne, *Twilight of Democracy*, Doubleday, New York 2020, tr.it. *Il tramonto della democrazia*, Mondadori, Milano 2021.

Arendt, Hannah, *The origins of totalitarianism*, Schocken Books, New York 1951, tr.it. *Le origini del totalitarismo*, Edizioni di Comunità, Torino 1999.

Bertoldi, Francesco - *Dia-logos*, Marcianum, Venezia 2023.

Böckenförde, Ernst-Wolfgang - *Stato, costituzione, democrazia*, Giuffrè, Milano 2006.

Böckenförde, Ernst-Wolfgang, *Cristianesimo, libertà, democrazia*, Morcelliana, Brescia 2007.

Böckenförde, Ernst-Wolfgang, *Lo Stato secolarizzato, la sua giustificazione e i suoi problemi nel XX secolo*, Il Mulino, Bologna 2008.

Cassese, Sabino, *La democrazia e i suoi limiti*, Mondadori, Milano 2017[2].

Crouch, Colin *Post-democracy - After the Crisis*, Polity Press, Cambridge 2020, tr.it. *Combattere la Postdemocrazia*, Laterza, Roma-Bari 2020.

Dahrendorf, Ralph - *Dopo la democrazia*, Laterza, Bari-Roma 2003.

Habermas Jürgen, *Dialektik der Säkularisierung. Über Vernunft und Religion*, Herder, Freiburg im Br. 2005, tr.it. *Ragione e fede in dialogo*, Marsilio, Venezia 2005.

Marchettoni, Leonardo, *Breve storia della democrazia*, Firenze University Press, Firenze 2018.

Maritain, Jacques, *Humanisme intégral*, Aubier, Paris 1936, 1946[2], tr.it. *Umanesimo integrale*, Borla, Roma 1946.

Mounk, Yascha, *The People VS. Democracy*, Harvard Univ. Press, New York 2018, tr.it. *Popolo VS Democrazia. Dalla cittadinanza alla dittatura elettorale*, Feltrinelli, Milano 2018.

Musso, Paolo, "Epistemologia moderna e bene comune: dal relativismo culturale alla democrazia sussidiaria", in *Metabasis*, n. 19, anno X (2015), pp. 151-67.

Parsi, Vittorio Emanuele, *Titanic*, Il Mulino, Bologna 2018.

Parsi, Vittorio Emanuele, *Il posto della guerra. Il costo della libertà*, Bompiani, Milano 2022.

Politkovskaja, Anna, *La Russia di Putin*, Adelphi, Milano 2022.

Reich, Robert Bernard, *Supercapitalism*, Alfred A. Knopf, New York 2007, tr.it. *Supercapitalismo*, Fazi, Roma 2007.

Romano, Sergio, *Morire di democrazia*, Longanesi, Milano 2013.

Solzenicyn, Aleksandr, *Arcipelago Gulag*, Mondadori, Milano 1974.

Thompson, Mark, *Enough said*, The Bodley Head, London 2016, tr.it. *La fine del dibattito pubblico. Come la retorica sta distruggendo la lingua della democrazia*, Feltrinelli, Milano 2017.

Nadia Urbinati, *Io, il popolo. Come il populismo trasforma la democrazia*, Il Mulino, Bologna 2020.

Zagrebelsky , Gustavo, *La felicità della democrazia*, Laterza, Bari-Roma 2012.

Indice

Democrazia è meglio..1
Introduzione..3
I. Chiarimenti preliminari..4
    Che cosa è democrazia..4
    Le anti-democrazie...4
II. La questione della democrazia, in sé...7
    Perché democrazia è meglio...7
    E perché, viceversa, la dittatura è peggio.....................................9
    Un apparente vantaggio del dispotismo...11
III. La situazione attuale..13
    Motivi reali..13
    Motivi dichiarati...14
Conclusione...17
Indice..18

www.ingramcontent.com/pod-product-compliance
Lightning Source LLC
Chambersburg PA
CBHW051842250726
48659CB00005B/1974